KB242872

상처가 아니라 흔적입니다

최원석 지음

징검다리

흉터가 아닌 영광의 훈장으로 피어난 기적

최원석 목사는 군 시절 청년으로 만나 지금까지 변함없이 같은 길을 걸어온, 제게는 없어서는 안 될 가장 친밀한 친구이자 든든한 동역자입니다. 사랑하는 친구의 교통사고 소식을 처음 들었을 때, 저는 깊은 절망 속에서 하나님께 매달려 금식하며 기도할 수밖에 없었습니다. 현대 의학으로는 감히 회복을 장담할 수 없던 절망의 순간, 저뿐만 아니라 수많은 분이 마음을 모아 기도했습니다. 그리고 오늘, 기적처럼 회복하여 다시 강단에 서고 그 고통의 시간들을 한 권의 책으로 묶어 낸 친구를 보며 살아계신 하나님의 일하심을 목격합니다.

이 책은 단순히 '사고에서 살아남은 이야기'가 아닙니다. 죽음의 문턱까지 내려갔던 한 사역자가 어두운 골짜기에서 만난 하나님의 세미한 음성에 대한 기록입니다. 저자는 육체의 고통을 원망으로 바꾸지 않고, 오히려 그 상처를 통해 타인의 아픔을 들여다보는 따뜻한 시선을 얻었습니다.

가장 가까이에서 모든 회복 과정을 지켜본 친구로서 이 책의 출간이 진심으로 기쁩니다. 그의 몸에 남은 사고 흔적은 더 이상 아픔의 흉터가 아니라, 하나님께서 그를 얼마나 사랑하시는지를 보여 주는 '영광의 훈장'입니다. 예기치 못한 사고로 방황하거나 하나님의 침묵 앞에 계신 분들에게 이 책을 강력히 추천합니다. 저자의 고백을 따라가다 보면, 어느새 고난 너머에서 일하시는 하나님의 손길을 마주하게 될 것입니다. 나의 소중한 친구이자 동역자인 최원석 목사의 이 귀한 간증이 모든 독자들의 심령에 마르지 않는 위로의 샘물이 되길 간절히 기도합니다.

_고명길 목사(가장 친한 친구, 김제중앙장로교회)

힘겨운 터널을 지나는 이들에게 보내는 따뜻한 위로

아주대학교병원 중증외상센터는 수많은 환자가 생사의 경계에 서는 곳입니다. 그곳에서 의료진은 인간의 연약함과 동시에 회복이라는 놀라운 기적을 목격하곤 합니다. 긴 어둠의 터널 속에서 환자들이 제2의 삶을 향해 발을 내디딜 수 있도록 손을 내미는 것이 저희의 역할입니다.

5층 외상병동에서 최원석 님을 처음 만났을 때, 그는 깊은 상처와 통증으로 신음하고 있었습니다. 몸뿐만 아니라 마음까지 무너질 수 있는 위태로운 상황이었지요. 저는 그저 그가 다시 일어나길 바라는 마음으로 무뚝뚝한 격려와 위로를 건넸을 뿐인데, 저의 작은 손길이 그의 마음속에서 하나님의 위로와 깨달음으로 이어졌다는 사실에 깊은 감동을 느낍니다.

이 책은 단순한 투병 기록을 넘어, 하나님께서 우리 삶을 어떻게 다시 일으키시는지를 보여 주는 진솔한 고백입니다. 절망 속에서도 삶을 다시 바라보는 저자의 깨달음과, 완전히 무너지지 않도록 붙드시는 하나님의 은혜가 오롯이 담겨 있습니다.

아픈 곳만 바라보면 무너지기 쉽지만, 아직 남아 있는 소중한 것들을 바라볼 때 다시 일어설 힘을 얻습니다. 이 책이 지치고 힘겨운 터널을 지나고 있는 이들에게 따뜻한 위로와 소망의 메시지가 되기를 진심으로 바랍니다.

_김미선 간호사
(헌신적으로 간호해 주신 생명의 은인, 아주대학교 경기 남부 권역외상센터 수간호사)

살아계신 하나님을 증명하는 귀한 책

사고 소식을 듣자마자 저희 교회 성도들과 함께 간절히 기도했습니다. 제발 살려만 주시라고, 이 일을 통해 하나님의 살아계심이 나타나게 해달라고 말입니다. 그랬기에 사고 후 1년 남짓 시간이 지난 지금, 이 책의 추천사를 부탁받고 원고를 차분히 읽으면서 얼마나 울었는지 모릅니다. 문장마다 또박또박 기록되어 있는 하나님의 살아계심과 사랑하심과 함께하심이 가슴 벅차고 감사해서 눈물을 감출 수가 없습니다.

이 책에는 최원석 목사를 향한 사랑뿐 아니라, 우리 모두를 세심하게 보살피고 책임지시는 하나님의 은혜가 담겨 있습니다. 사고는 그가 당했지만, 그에게 베풀어진 은혜는 우리 모두의 것입니다. 우리 역시 하나님의 은혜 없이는 단 하루도 살 수 없는 자녀들이기 때문입니다. 사랑하는 동생이자 동역자인 최 목사가 살아 있어 주어 감사합니다. 예전처럼 만나 밥을 먹고 이야기를 나눌 수 있어 행복합니다. 무엇보다 이 책을 통해 더 많은 이들에게 하나님의 은혜가 흘러가게 되어 기쁩니다. 이 책을 읽는 모두의 결론이 절대불변의 한 가지 사실로 고백되기를 소망합니다. "하나님은 살아 계십니다."

_김보성 목사(거리로는 멀리 있지만 항상 마음은 가까이 있는 형, 울산신정교회 담임)

흉터는 더 이상 부끄러움이 아닌 사랑의 흔적입니다

인생의 계획표에 사건이나 사고를 미리 적어 두는 사람은 없습니다. 누구나 안전하기를 바라고 변수를 방지하며 살고 싶어 하지요. 그러나 우리의 모든 순간은 조심성과 침착함, 그리고 치밀한 계획으로도 절대로 완벽하게 보호받을 수 없습니다. 그렇기에 어떤 이들은 절대로 마주하고 싶지 않고 피하고 싶은 순간을 예기치 못한 불행으로 고백하기도 합니다.

하지만 하나님의 계획표를 살아가는 카이로스의 사람들은 분명히 알고 있습니다. 기쁜 날들뿐만 아니라 깊은 상처를 남기는 아픈 시간조차 '하나님의 시간'이라는 것을 말입니다.

오늘 최원석 목사님의 고백을 통해 하늘의 메시지가 우리에게 전해집니다. 아픔의 자리를 흉터로 안고 살아가는 이들에게, 그 상처까지 품으시며 치료하시는 예수님의 손길을 느끼게 합니다. 이제 그 흉터는 '흉'이 아닌 '자랑'이 되고, '아픔'은 '기쁨'의 고백이 되었습니다.

여러분이 감추고 있는 흉터는 무엇인가요? 예수님은 그 어떤 상처도 흉하게 보지 않으시고 사랑으로 보듬으십니다. 주님이 보시기에 너무나 귀하고 아름다운 당신에게 이 책을 기쁘게 추천합니다.

_박요한 목사(가장 가까이에서 힘이 되주는 형, 프렌즈교회 담임)

처음 원고를 받고 차분히 읽으면서 참 많은 생각이 들었습니다. 20년 전, 청소년 캠프에서 디렉터와 찬양사역자로 처음 만났던 저자의 모습이 선합니다. 그때나 지금이나 변함없는 것은 하나님을 향한 원석이의 진심입니다. 이 책을 통해 그 진심이 얼마나 깊고 고통스러운 시간을 통과해 왔는지 알게 되었습니다.

이 책은 한 개인의 이야기를 담고 있지만, 그것을 넘어, 하나님이 한 영혼을 어떻게 붙드시고 일으키시는지를 고스란히 담고 있습니다. 무너질 수밖에 없는 순간에도 하나님을 붙잡았던 시간들이 너무나 정직하게 기록되어 있습니다. 그래서 이 책은 간증이 아니라 하나님께 드리는 한 사람의 '예배'처럼 느껴집니다.

"상처가 아니라 흔적입니다"라는 고백이 제 마음에도 깊이 남았습니다. 우리는 여전히 부족하고 아프지만, 하나님은 그 시간을 통해 우리 삶에 지워지지 않는 거룩한 흔적을 남기십니다.

이 책을 통해 누군가는 위로를 얻고, 누군가는 다시 일어설 힘을 얻고, 누군가는 하나님께 더 가까이 나아가게 되리라 믿습니다. 또한 이 안에 담긴 이야기가 하나님께서 하신 일들이라는 것이 온전히 드러나길 기대합니다.

오랜 시간 곁에서 지켜본 선배이자 동역자로서, 이 책을 진심으로 추천합니다. 그리고 글을 써서 이 이야기를 세상의 많은 사람들에게 나눌 수 있기까지 용기를 내고 최선을 다한 동생 원석이를 응원합니다.

_유은성 전도사(늘 응원해 주는 형, 찬양사역자)

멈추어야만 비로소 보이는 하나님의 사랑

치유잡지의 객원기자로 참가했던 3주년 기념 콘서트에서 최원석 목사님을 처음 보았을 때를 또렷하게 기억합니다. 그전에 한 번도 뵌 적 없던 최원석 목사님의 사고 소식을 접하고, 새벽마다 기도를 드렸습니다. 아니, 성령께서 기도를 시키셨다는 표현이 더 정확할 것입니다. 이후 회복되셨다는 소식에 안도하던 중, 치유잡지 콘서트에서 먼저 인사를 건네 오는 목사님을 뵙고 그만 눈물이 터져 버렸습니다. 그 눈물의 의미는 감격 그 이상이었습니다. 두 발로 걷고 명료하게 대화하시는 모습 자체가 제게는 감격이며, 기적이었습니다.

의료인으로서 증언하건대, 목사님의 외상은 생명을 위협할 만큼 위중했습니다. 그 죽음의 터널을 지나온 아픔을 알기에 책을 읽는 것이 쉽지 않았습니다. 그러나 목사님은 반복되는 수술과 병상의 고통 속에서 만난 '전능하신 하나님의 손'을 마치 실존을 접한듯 생생하게 그려 냅니다.

'아무리 내 몸이 아파도 안 아픈 곳이 있구나'라는 깨달음은 뼈아픈 고통을 겪어 본 자만이 할 수 있는 고귀한 고백입니다. 죽음의 고통 뒤에 찾게 된 소명의 부르심과 신앙의 다짐이 이 책에 고스란히 담겨 있습니다.

경주마처럼 앞만 보고 달리다 잠시 가던 길을 멈추고 주님을 깊이 만나길 원하는 분들에게 이 책을 권합니다. 멈추어야만 비로소 보이고 느껴지는 사랑이 있기 때문입니다. 'Revival'의 산 증인인 최원석 목사님의 '다시 얻은 삶'의 여정을 온 마음으로 응원합니다.

_임금주 사모(평택함께하는교회, 『너는 피투성이라도 살아있으라』 저자,
CBS TV "새롭게하소서" 출연, GOOD TV "달리다굼" 스페셜 MC)

하나님은 결코 사랑하는 자를 포기하지 않으십니다

때로 인생에는 설명할 수 없는 고통이 찾아옵니다. 감당하기 힘든 사고는 인생을 송두리째 무너뜨릴 수도 있지만, 하나님께서는 그 고난을, 한 사람의 인생을 새롭게 빚으시는 도구로 사용하십니다. 이 책에는 예기치 못한 엄청난 교통사고를 당한 한 사람이 깊은 어둠의 터널을 지나면서, 절망이 아니라 하나님을 더욱 깊이 만나게 된 과정이 담담하게 기록되어 있습니다.

저자는 목숨을 잃을 뻔한 교통사고라는, 인생의 깊은 골짜기를 지나며 죽음의 문턱까지 다가가는 시간을 경험했습니다. 그 시간은 말로 다 표현할 수 없는 고통과 눈물의 시간이었지만, 동시에 하나님의 손길을 가장 가까이에서 경험한 시간이기도 했을 것입니다. 모든 것이 끝난 것 같았던 자리에서 하나님은 그를 다시 붙드시고 다시 일으켜 세우셨습니다. 그 과정 속에서 흘린 눈물과 기도, 그리고 다시 일어나게 하신 하나님의 은혜가 이 책 곳곳에 진솔하게 담겨 있습니다.

최원석 목사는 영으로 낳은 제 아들입니다. 그가 고난을 통과하며 믿음이 더욱 단단해지는 모습을 곁에서 지켜 보며 한 가지 확신을 얻었습니다. 하나님은 결코 사랑하는 자를 포기하지 않으신다는 사실입니다. 사람의 눈에는 끝으로 보이는 자리에서도 하나님은 이미 새로운 시작을 준비하고 계셨습니다.

이 간증은 상처와 절망 속에 있는 많은 이들에게 하나님이 여전히 역사하신다는 살아 있는 증거가 될 것입니다. 이 책을 읽는 모든 독자들이 저자에게 역사하신 하나님의 위로와 회복의 은혜를 동일하게 경험하게 되기를 진심으로 소망합니다.

_전종서 목사(영적인 아버지, 대동장로교회 담임)

아픔을 꾸미지 않은 진솔함, 한 편의 음악 같은 고백

박요한 목사를 통해 처음 저자를 알게 되었을 때, 아이들에게 수학을 가르치며 복음을 전하는 그의 사역에 깊은 감명을 받았습니다. 한 달에 한 번 프렌즈교회에서 예배를 드릴 때마다 만나게 되면, 교회에 꼭 필요한 사역이라는 응원의 말을 건네곤 했습니다.

처음 교통사고 소식을 접했을 때 믿어지지 않았습니다. 자녀가 다섯이나 되는 젊은 목회자에게 왜 이런 시련을 주시는지 인간적인 마음으로는 하나님의 뜻을 이해하기 어려웠습니다. 그러나 하루하루 회복이 되어 간다는 소식을 접할 때 제 입에서 저절로 하나님께 감사의 고백이 나왔습니다.

사고 순간부터 지금까지 하나님이 동행하신 과정, 그리고 그가 걸어온 신앙의 여정이 드디어 한 권의 책으로 세상에 나왔습니다. 이 책을 읽는 내내 "글이 아니라 한 편의 긴 음악 같다"는 생각이 들었습니다. 살다 보면 누구나 예상하지 못한 순간을 만납니다. 이 책은 그런 순간 앞에서 한 사람이 어떻게 무너지고, 또 어떻게 다시 일어나는지를 솔직하게 들려줍니다.

무엇보다 좋았던 것은 아픔을 꾸미지 않았다는 점입니다. 괜찮은 척하지 않고, 그대로 드러내며, 지나온 이야기이기에 더 깊이 마음에 와닿았습니다. 그래서인지 읽는 동안 누군가의 이야기를 듣고 있는 것이 아니라 내 이야기를 마주하고 있는 느낌이 들었습니다.

그리고 이 책의 제목처럼, 삶에 남은 수많은 아픔들이 더 이상 상처로 머무는 것이 아니라 하나님이 지나가신 흔적으로 남을 수 있다는 사실을 조용히, 그러나 깊이 전해 줍니다. 지금 여러분이 삶의 어느 지

점에 서 있든 이 이야기는 여러분의 마음 깊은 곳에 진솔하게 닿을 것
입니다.

_주영훈 집사(CBS '새롭게 하소서' 진행, 작곡가)

프롤로그_
죽지 않는 사랑이 나를 붙들었을 때

2024년 11월 6일 새벽 1시.

칠흑 같은 어둠이 깔린 고속도로 위, 집으로 향하던 제 삶의 방향이 순식간에 꺾였습니다. 졸음운전으로 인해 공사 현장에 정차해 있던 1톤 트럭을 그대로 들이받는 대형 사고가 발생한 것입니다. 왜 그 시간에 고속도로를 달려야 했는지, 어쩌다 졸음에 빠지게 되었는지는 이 책을 통해 차차 나누겠지만, 분명한 사실은 그 충돌이 제 삶과 신앙의 관점을 송두리째 바꾸어 놓았다는 것입니다.

사고 당시 저는 과다 출혈로 최고 혈압이 50이 채 되지 않는 위중한 상태였습니다. 의료진조차 생존 가능성을 장담하지 못했지만, 수많은 분들의 간절한 기도 속에서 하나님은 제 생명을 붙드셨습니다. 이후 여덟 달 동안 여덟 차례의 수술을 견뎌야 했던 긴 고통의 터널 속에서, 주님은 세밀한 음성으로 저를 위로하시며 당신의 계획을 하나씩 보여주셨습니다.

사실 가족이 아닌 누군가에게 이 사고의 전 과정을 꺼내놓는 일은 쉽지 않았습니다. 특히 상처 입었던 어린 시절의 이야기까지 함께 나누는 것은 더욱 큰 용기가 필요했습니다. 그럼에도 제가 이 글을 쓰기로 결심한 이유는 단 하나입니다. 단 한 사람이라도 제 이야기를 통해 하나님을 다시 찾을 수 있다면, 두려움보다 순종을 선택해야 한다는 확신을 주님께서 주셨기 때문입니다.

사고가 난 지 1년이 넘은 지금, 지난 시간들을 돌아보며 하나님께서 함께하셨던 은혜를 나누고자 합니다. 저와 비슷한 경험을 한 분이든, 전혀 다른 이유로 삶이 무너져 내린 분이든, 이 책이 그 마음에 작은 위로가 되기를 간절히 소망합니다.

사람이 마음으로 자기의 길을 계획할지라도 그의 걸음을 인도하시는 이는 여호와시니라

_잠언 16:9, 개역개정

우리는 인생을 살아가며 수많은 계획을 세웁니다. 저 또한 기독교 대안학교라는 비전을 하나님이 주신 소명이라 확신하며 쉼 없이 달려왔습니다. 그러나 사고를 통해, 내 계획보다 더 분명한 것은 내 발걸음을 친히 인도하시는 하나님의 손길임을 뼈저리게 깨달았습니다.

부끄럽게도 사고 직후 병상에 누워 있을 때, 제 마음을 채운 것은 감사가 아니라 부당함에 대한 원망이었습니다. 하지만 주님은 말씀으로 저를 붙드시고 회개의 자리로 이끄셨습니다.

여호와께서 너를 실족하지 아니하게 하시며 너를 지키시는 이가 졸
지 아니하시리로다

_시편 121:3, 개역개정

육적으로나 영적으로나 저는 졸음운전을 하고 있었습니다. 하지만 하
나님께서는 단 한 순간도 졸지 않으시고 제 인생의 운전대를 붙잡고
계셨습니다. 제가 스스로의 한계를 깨닫고 돌아오기를 기다리시며, 다
시 가야 할 길을 보여 주셨습니다.

이 책에는 그 길 위에서 만난 하나님의 인도하심을 담았습니다. 각 장
끝에 덧붙인 말씀과 묵상은 제 개인적인 간증이 독자 여러분의 삶과
만나 은혜의 강으로 흐르기를 바라는 마음에서 준비했습니다. 처음에
는 전체 흐름을 따라 편하게 읽으시고, 두 번째 읽으실 때는 말씀과 묵
상을 자신의 삶에 비추어 천천히 곱씹어 보시길 권합니다.

이 책을 덮는 순간, 여러분 또한 졸지도 주무시지도 않으시는 하나님
을 인격적으로 만나고 그분의 인도하심을 새롭게 경험하게 되기를
소망합니다. 무너진 자리에서 다시 일어나, 하나님의 하나님 되심을
담대히 선포하는 삶으로 나아가시길 예수님의 이름으로 축복합니다.

두렵고 떨리는 마음으로 하나님 앞에서,

최원석 목사

오직 성경
하노니
나님의 능력이 됨이라

너 와 함 께 한 ♥ 모 든 날 이 좋 아

& 신웅천교회
목사
미산 베다

1부

뜻하지 않은 사고,
뜻하신 은혜

삶이 무너진 그 순간

삶이 바뀌는 데는 몇 초면 충분했습니다.

그날 새벽, 저는 그 사실을 뼈저리게 경험했습니다. 평범했던 하루는 단 몇 초 만에 완전히 무너져 내렸습니다. 머리로는 그럴 수 있다고 생각할지 모르지만, 막상 닥치면 좀처럼 실감이 나지 않습니다. 그 사고가 제 인생을 송두리째 바꿔 놓으리라고는 상상조차 하지 못했습니다.

모든 것이 부서지고, 모든 것이 멈추는 순간. 그러나 하나님 없이는 설명할 수 없는 시간이 제게 시작되고 있었습니다.

저는 주말에는 교회에서 사역을 하고, 주중에는 학원을 운영하며 초·중·고 학생들에게 수학을 가르칩니다.

2024년 11월 6일 수요일 새벽 1시, 그날도 여느 때와 다름없이 수업을 마치고 집으로 내려오는 길이었습니다. 차에는 교회 수련회를 마친 큰아들이 함께 타고 있었습니다. 고속도로를 달리던 중, 저도 모르게 졸음이 몰려왔습니다. 순간적으로 눈을 떴을 때 제 앞에 도로 공사로 멈춰 서 있던 1톤 트럭이 보였습니다. 브레이크로는 도저히 멈출 수 없는 거리였습니다.

보통 이런 상황에서는 본능적으로 피해를 줄이기 위해 운전대를 자기 반대쪽으로 틀게 된다고 합니다. 하지만 그 순간, 제 옆자리에 앉아 있던 아들이 눈에 들어왔습니다. 저는 무의식중에 제 쪽으로 운전대를 틀었습니다. 그 결과, 차의 왼쪽과 트럭의 오른쪽 뒷부분이 달리는 속도 그대로 부딪쳤습니다. 충격으로 차는 여러 차례 빙글빙글 돌았고, 운전석 쪽은 형체를 알아볼 수 없을 만큼 크게 부서졌습니다.

사고 이후의 상황은 거의 기억나지 않습니다. 그날의 이야기는 나중에 아들의 입을 통해 전해 들었습니다. 아들은 할머니와 고모, 이모에게 전화를 걸었습니다. 하지만 깊은 새벽이었고, 수십 통의 전화는 모두 연결되지 않았습니다. 차는 처참하게 부서져 있었고, 저는 많은 피를 흘리며 신음하고 있었다고 합니다. 차 안에는 피 냄새가 가득했고, 아들은 그 안에서 홀로 무서움과 두려움에 맞서야 했습니다.

저는 의식을 잃은 채 아무것도 할 수 없었지만, 중학생이던 아들은 혼자 남겨진 상황 속에서도 침착하게 행동하고 있었습니다.

우리는 인생을 살아가며 원치 않는 일들을 만나게 됩니다. 그것은 사고일 수도 있고, 병일 수도 있습니다. 하지만 중요한 것은 그 사건 자체보다, 그 순간 우리가 보이는 반응일 것입니다. 우리는 위기 앞에서 어떻게 반응합니까? 당황하며 무너집니까? 원망과 불만으로 마음을 채웁니까? 아니면 하나님을 붙들고 기도합니까?

이번 사고를 통해 저는 인간이 얼마나 작은 존재인지를 다시 깊이 깨달았습니다. 우리가 가진 것으로는 아무것도 할 수 없다는 사실, 그리고 아무리 많은 것을 가지고 있어도 단 1분 뒤의 모습을 스스로 결정할 수 없다는 사실을 뼈저리게 느꼈습니다.

그럼에도 우리는 끝까지 '내 힘으로 어떻게든 해 보겠다'는 고집을 붙들고 살아갑니다. 저 역시 완전히 무너진 자리에서야 비로소 그 사실을 인정하게 되었습니다.

_잠언 16:9, 개역개정

나는 내 인생을 내가 통제할 수 있다고 착각하며 살아가고 있지는 않나요?

홀로 남겨진 아이의 기도

"아빠… 아빠! 일어나요. 정신 차려요. 흑흑….."
"으….."

희미하게 들려오는 아들의 울음소리가 꼭 꿈결 같았습니다. 살면서 가벼운 접촉 사고는 있었지만, 이렇게 큰 사고는 처음이었습니다. 그래서인지 지금 눈앞에 벌어진 일이 현실이라는 걸 받아들이기까지 꽤 오랜 시간이 걸렸습니다.

천만다행으로 차가 회전할 때 아들은 밖으로 튕겨 나가지 않았습니다. 문쪽에 몸이 붙은 채로 돌아간 덕분에 큰 부상을 피할 수 있었습니다. 하지만 저는 정면으로 부딪친 충격 때문에 에어백이 터졌는데도 장기가 상하고 피를 너무 많이 흘리고 있었습니다. 결국 저는 정신을 잃었고, 중학생인 아들은 처참하게 찌그러진 차 안에 홀로 남겨졌습니다.

아들은 떨리는 손으로 할머니와 고모, 이모에게 차례로 전화를 걸었습니다. 하지만 야속하게도 깊은 새벽 그 시간에 전화를 받는 사람은 아무도 없었습니다. 차 안에는 비릿한 피 냄새가 번졌고, 아빠인 저는 피를 흘리며 신음하고 있었습니다. 그 좁고 어두운 공간에서 아들은 혼자서 감당할 수 없는 공포와 마주해야 했습니다.

"왜… 엄마는 전화를 안 받는 거야."
"제발… 엄마 전화 좀 받아. 하나님…. 제발….''

집에서 네 아이를 재우고 잠든 아내 역시 전화를 받지 못했습니다. 메시지를 보내 봐도 답은 없었습니다. 그런데도 아들은 놀라울 만큼 침착했습니다. 제 휴대전화와 중요한 물건들을 챙긴 뒤, 그 자리에서 하나님을 불렀습니다.

"하나님 도와주세요. 하나님 살려 주세요."

나중에 아들에게 그날의 이야기를 전해 들으며 저는 하나님께 엎드릴 수밖에 없었습니다. 늘 아빠로서, 목회자로서 부족한 모습만 보여 준 것 같아 미안했는데, 예기치 못한 재난 속에서 아들이 보여 준 믿음과 대처를 보며 하나님께서 우리 가정을 단단히 붙들고 계심을 깨달았습니다.

그날 사고 현장에서 아들은 어린아이가 아니라 어른이었습니다. 겁에 질려 있었지만, 두려움 속에서도 그 자리를 버티고 있었습니다. 평소

에는 늘 혼자 운전해서 내려오던 길인데, 하필 그날만 아들이 교회 수
련회 일정 때문에 제 차에 함께 탔습니다. 만약 그날 제가 혼자였다면
상황은 말할 수 없이 더 나빠졌을지도 모릅니다.

그 일을 겪으며 다시 한 번 마음 깊이 새겼습니다. 자녀에게 믿음의 본
을 보이며 사는 것이 얼마나 중요한지, 어떤 막막한 순간에도 기도를
놓지 않는 삶이 얼마나 힘이 센지를 말입니다.

분명히 사람은 자기의 시기도 알지 못하나니
물고기들이 재난의 그물에 걸리고 새들이 올무에 걸림같이
인생들도 재앙의 날이 그들에게 홀연히 임하면 거기에 걸리느니라
_전도서 9:12, 개역개정

전도서는 우리에게 말합니다. 물고기가 그물에 걸리고 새가 올무에
걸리듯, 우리 삶에도 재앙의 날이 홀연히 찾아올 수 있다고 말입니다.
그럴 때 우리는 어떻게 해야 할까요? 왜 나에게만 이런 일이 생기냐
고 원망하며 하루를 보낼까요? 아니면 고난 속에 넘어져 있어도 완
전히 쓰러지지 않게 우리 손을 붙잡고 계시는 하나님을 보며 감사를
찾을까요?

대답은 분명합니다. 우리 아버지가 되시는 하나님은 언제나 우리와
함께 계십니다. 나보다 나를 더 잘 아시는 분이기에 우리의 쓸 것을 따
라 채워 주실 것입니다. 그 사실을 믿으며 주님이 내미시는 손을 꼭 붙
잡고 놓지 않기를 소망합니다.

그는 넘어지나 아주 엎드러지지 아니함은 여호와께서 그의 손으로 붙
드심이로다

묵상

위기 앞에서 나의 첫 반응은 두려움인가요, 기도인가요?

막막한 길 위에서 만난 천사들

"애야, 괜찮니?"

"저는 괜찮은데, 우리 아빠가 많이 다쳤어요."

겁에 질려 떨고 있던 아들 앞에 작은 빛이 찾아왔습니다. 깊은 새벽, 차 한 대 지나가지 않던 고속도로였지만 다행히 그곳은 도로 공사 현장이었습니다. 근처에서 일하던 분들이 사고 소리를 듣고 한달음에 달려와 주셨습니다. 그분들은 겁에 질린 아들을 다독이며 서둘러 119에 신고해 주셨습니다.

잠시 후 구급차가 도착했고, 상태가 위중했던 저와 아들을 서둘러 실었습니다.

"애야, 많이 놀랐지? 이제 아저씨들이 도와줄 테니까 걱정하지 마. 아빠 다리가 움직이지 않게 잘 좀 잡아 주렴."

“그래, 잘하고 있어. 혹시 아빠가 몇 년생인지 아니?”
“아… 88년 12월 1일이요.”

아들도 너무 당황한 탓인지 제 나이를 무려 일곱 살이나 어리게 말해 주었습니다. 덕분에 응급실에서 아내가 제 나이를 바로잡아주기 전까지, 아주 짧은 시간이었지만 실제보다 훨씬 젊은 나이로 지낼 수 있었습니다. 이 긴박한 상황들이 다 지난 후에 떠올리며 웃음 지을 수 있는 작은 선물 같은 순간이었지요.

“가족들하고 통화는 됐니?”
“아니요. 아무도 전화를 안 받아요….”
“병원에 가면 보호자가 꼭 필요해. 다시 한 번 전화를 해 보자.”

아들은 다시 아내에게 전화를 걸었지만 여전히 묵묵부답이었습니다. 그러다 마침내 외할머니와 통화가 되었습니다.

“할머니, 아빠랑 나 사고 났어….”
“무슨 소리니? 다시 천천히 말해 봐.”
“잠깐만 나 좀 바꿔 줄래? 안녕하세요. 저는 119 구급대원입니다. 사위분께서 사고가 크게 나서 지금 아주대학교 응급실로 이송 중에 있습니다. 수술이 필요할 수 있어 보호자의 동의가 필요합니다. 지금 병원으로 오실 수 있으신가요?”
“주님… 많이 안 좋은가요? 그런데 저는 지방에 있어서 지금 바로 갈 수 없을 거 같습니다. 손주 좀 바꿔 주시겠어요?”

"OO야. 얼른 삼촌에게 전화해 봐. 삼촌은 받을 수도 있을 거야."
"알겠어요. 할머니."

아들은 서둘러 외삼촌에게 전화를 걸었습니다.

"삼촌? 삼촌…? 아빠랑 제가 지금 사고 나서 병원가고 있어요. 아주대
학교 병원으로 빨리 오셔야 할 거 같아요…."
"그래, 알겠어. 삼촌이 얼른 준비해서 갈게."

그 무렵 병원 응급실마다 의사가 부족해 환자를 받지 못한다는 뉴스
가 들려오던 때였습니다. 하지만 정말 감사하게도 아주대학교 중증외
상센터에 자리가 있었습니다. 응급실에 도착하자마자 급하게 상태를
살폈습니다. 상황은 생각보다 훨씬 좋지 않았습니다. 그때 마침 서울
에서 출발한 처남이 응급실에 도착했습니다.

사고 순간부터 응급실에 도착하기까지, 모든 과정이 물 흐르듯 이어
지는 것을 보며 하나님은 참 빈틈이 없으신 분이라는 걸 느꼈습니다.
고비마다 사람을 보내시고, 딱 맞는 장소에 있게 하셔서 돕게 하시는
것을 몸소 겪었습니다.

우리가 삶의 어려운 문제에 부딪쳤을 때 꼭 기억해야 할 것이 있습니
다. 하나님께서는 반드시 피할 길을 주신다는 사실입니다. 인적 드문
새벽 고속도로였지만 그곳에 마침 공사하는 분들이 계셔서 바로 신
고할 수 있었고, 공사 차량은 많이 부서졌지만 다행히 다친 사람은 아

무도 없었습니다.

만약 그곳에 사람이 없어서 구급차가 늦게 왔더라면, 혹은 사고 난 차에 사람이 타고 있어 누군가 크게 다쳤더라면…, 생각만 해도 아찔한 최악의 상황들이 많았습니다. 물론 어떤 처지에 놓인다 해도 그 속에서 피할 길을 보여 주실 하나님을 믿으려 노력했겠지만, 제 믿음의 크기를 아시고 감당할 수 있는 길을 열어 주신 하나님을 찬양합니다.

사람이 감당할 시험 밖에는 너희가 당한 것이 없나니 오직 하나님은 미쁘사 너희가 감당하지 못할 시험 당함을 허락하지 아니하시고 시험 당할 즈음에 또한 피할 길을 내사 너희로 능히 감당하게 하시느니라
_고린도전서 10:13, 개역개정

낙심될 때 하나님이 나에게 보내 주신 '천사 같은 동역자'를 기억하나요?

다시 마주한 아내의 기도

"최원석 환자분 보호자 되시나요?"

"네, 맞습니다."

"상황이 아주 좋지 않습니다. 자세한 건 배를 열어 봐야 알겠지만, 일단 피가 너무 많이 새고 있어서 급하게 수술부터 해야 합니다. 동의서에 서명해 주세요."

응급실에 도착했을 때 제 혈압은 50이 채 되지 않았습니다. 출혈이 너무 심해 생명이 위험한 상태였지요. 의사 선생님은 처남에게 마음의 준비를 하라는 듯, 최악의 경우 목숨을 잃을 수도 있다고 말했습니다. 그렇게 저는 찢어진 혈관을 찾아 꿰매는 급한 수술부터 들어가야 했습니다.

"일단 피가 새는 곳을 찾아 막기는 했습니다. 하지만 추가 수술을 계속해야 합니다. 가슴과 배를 다 열어 둔 상태인데, 안을 살펴보니 장기가 많이 상했고 횡격막도 찢어졌습니다. 갈비뼈가 여럿 부러졌지만 다행히 심장 같은 중요한 곳은 건드리지 않았습니다. 소장과 대장도 터진 상태라 정말 위험합니다. 다시 다른 교수님들과 상의해서 수술을 이어 갈 예정입니다."

처남은 이 긴박한 상황을 가족 단체 대화방에 실시간으로 올리며 기도를 부탁했습니다. 갑작스러운 사고 소식에 온 가족이 마른하늘에 날벼락을 맞은 듯 충격에 빠졌지만, 모두 차분하게 마음을 모아 주었습니다. 문제보다 더 크신 하나님을 믿으며 기도로 하나가 되어 준 가족들……. 이런 든든한 가족을 제게 주신 하나님께 다시 한 번 감사를 드립니다.

새벽 예배를 마치자마자 장모님께서 아이들을 돌보기 위해 저희 집으로 달려오셨습니다. 짐을 챙겨 병원으로 떠나려는 아내에게 장모님은 마음을 굳게 먹으라고 당부하셨습니다.

"지혜야, 운전 조심하고 마음 단단히 먹어라. 남편은 하나님께 맡기고, 우선 아이들부터 잘 키울 생각부터 하자."
"네, 엄마. 그렇게 할게요. 애들만 두고 가서 정말 죄송해요. 기도해 주세요."
"죄송하긴. 지금은 내 걱정 말고 남편이랑 ○○이만 생각해. 다른 생각 말고 조심히 가고, 도착하면 연락해라."

장모님은 누구보다 아내의 마음을 잘 아는 분이었습니다. 목회를 하시던 장인어른이 아내가 중학교 1학년 때 간경화로 세상을 떠나셔서 혼자 힘으로 삼남매를 키워 내신 그 고단함을 몸소 겪으셨으니까요. 맏딸인 아내가 흔들리지 않도록 끝까지 다독여 주시는 장모님의 말씀에는 깊은 사랑이 담겨 있었습니다.

아내가 병원에 도착해 저를 처음 봤을 때, 가슴이 미어져 눈물밖에 나오지 않았다고 합니다. 1차 수술을 마치고 가슴과 배를 열어 둔 채 천으로만 덮어놓은 제 모습은 차마 눈 뜨고 보기 힘들 만큼 처참했기 때문입니다. 너무나 충격적인 재회였지만 아내는 슬픔에만 머물러 있지 않았습니다. 다시 마음을 다잡고 하나님께 기도했습니다.

"주신 분도 하나님이시요, 거둬 가시는 분도 하나님이십니다. 그런 하나님께 감사합니다. 제 남편을 하나님께 온전히 맡깁니다. 신실하신 하나님께서 가장 좋은 길로 인도해 주세요."

저 역시 일곱 살 때 아버지를 교통사고로 여의었습니다. 아내 또한 어린 시절 아버지를 보내드렸기에, 여자 혼자 자식을 키우며 살아가는 것이 얼마나 힘겨운 일인지 누구보다 잘 알고 있습니다. 그래서 아내의 저 고백이 얼마나 말하기 힘든 기도였을지 짐작이 갑니다. 원망 대신 감사를 고백하고, 두려움 대신 담대함을 보여 준 아내가 정말 고마웠습니다. 그 기도가 저를 다시 일으켜 세우는 보이지 않는 손길이 되었습니다.

이르되 내가 모태에서 알몸으로 나왔사온즉 또한 알몸이 그리로 돌아
가올지라 주신 이도 여호와시요 거두신 이도 여호와시오니 여호와의
이름이 찬송을 받으실지니이다 하고
이 모든 일에 욥이 범죄하지 아니하고 하나님을 향하여 원망하지 아
니하니라

_욥기 1:21-22, 개역개정

묵상

절망의 순간, 나의 입술에서는 어떤 고백이 나왔나요?

다시 눈을 뜨다

"최원석 환자 보호자분?"

"네…."

"지금 바로 2차 수술에 들어가야 합니다. 동의서 쓰셔야 하니 잠시 들어오세요."

상황이 워낙 좋지 않아 저는 곧바로 두 번째 수술을 받아야 했습니다. 터진 장기를 이어 붙이고, 찢어진 횡격막을 꿰매고, 상해 버린 장기 일부를 떼어 내고, 부러진 갈비뼈들을 고정하는 대수술이었습니다. 워낙 쉽지 않은 과정이라 네 명의 교수님이 동시에 매달려 수술을 진행했습니다.

그사이 소식을 듣고 달려오신 어머니는 애타는 마음으로 기도하며 수술실 앞 대기실을 지키셨습니다. 수술이 끝나고 중환자실에서 회복 중이라는 소식을 들었을 때에야 가족들은 겨우 감사의 숨을 내뱉었습니다. 하지만 중환자실은 면회 시간이 엄격히 정해져 있어 어머니와 아내는 저를 보지 못한 채 발만 동동 굴러야 했습니다. 어느덧 저녁이 되어 어머니가 집으로 발길을 돌리려던 순간, 간호사 한 분이 말을 걸어왔습니다.

"최원석 환자분 보호자님 맞으시죠? 하루 종일 기다리셨는데… 혹시 지금 잠깐 환자분 보시겠어요?"

원래는 정해진 시간 외에는 절대 들어갈 수 없는 곳이지만, 제 상태가 워낙 위중했고 큰 수술을 막 마친 터라 특별히 배려를 해주신 것이었습니다.

"하나님… 감사합니다. 정말 감사합니다."

어머니는 울지 않으셨습니다. 다만 조용히 저를 바라보며 마음속으로 하나님께 고백하셨습니다. 교통사고로 남편을 먼저 보냈던 그 아픈 기억을 안고 계신 어머니에게, 아들까지 사고로 잃을지 모른다는 공포는 차마 말로 다 할 수 없는 무게였을 것입니다. 생사를 오가는 처참한 모습이었지만, 그래도 죽지 않고 눈앞에 살아 있어 준 아들의 모습에 어머니는 오직 감사의 기도를 올리셨습니다.

수술 후 저는 3일 동안 깊은 잠에 빠져 있었습니다. 하루에 두 번이나 큰 수술을 견뎌 낸 몸이 무슨 일을 일으킬지 몰라, 의료진이 약을 써서 저를 강제로 재운 것이었습니다.

“환자분, 제 목소리 들리세요? 정신 차려 보세요. 들리세요?”

“네… 너무 추워요….”

“알겠어요. 금방 따뜻하게 해 드릴게요. 걱정 마세요. 제 목소리는 잘 들리시죠?”

“네….”

그렇게 3일이 지나고 저는 기적처럼 눈을 떴습니다. 하지만 깨어난 곳은 낯선 중환자실 침대 위였습니다. 사고의 기억은 단 하나도 남아 있지 않았습니다. 태어나 처음 느껴 보는 끔찍한 통증이 온몸을 휘감았습니다. 실눈 사이로 흐릿하게 보이는, 저만 바라보고 있는 의사와 간호사들 때문에 정신이 하나도 없었습니다. 처음에는 제가 사고를 당했는지 수술을 했는지도 모른 채, 그저 아픈 몸을 가누지 못하고 멍하니 천장만 바라보았습니다.

다음 날 아침, 아내는 짧은 면회 시간에 맞춰 저를 보러 왔습니다.

“여보… 괜찮아? 나야. 당신 아내 지혜야. 정말 많은 분이 기도해 주셔서 하나님이 살려 주셨어. 힘내. 좋은 생각만 해. 하나님께 감사하면서 잘 견뎌 보자. 알겠지? 여보, 많이 사랑해….”

아내는 눈물을 흘리며 저에게 속삭였습니다. 그때 제가 고개를 끄덕였다고 하는데, 저는 지금도 그 일이 기억나지 않습니다. 큰 충격을 받은 데다 짧은 시간에 전신마취 수술을 두 번이나 받은 탓이겠지요.

보통은 배와 가슴을 동시에 열어 수술하지 않는다고 합니다. 배를 열면 피가 많이 빠져나가는데, 가슴까지 열면 생명이 너무 위험해지기 때문입니다. 하지만 저는 선택의 여지가 없었습니다. 담당 교수님도 한순간도 마음을 놓을 수 없는 상황이라고 말할 만큼 의학적으로는 벼랑 끝에 서 있었습니다. 그러나 하나님의 손길은 그 벼랑 끝에서 저를 끝까지 붙들고 계셨습니다.

삶을 송두리째 바꿔 놓는 충격이 모든 사람에게 일어나지는 않습니다. 누군가에게 사고나 질병은 그저 남의 일처럼 느껴질 수도 있습니다. 그래서 우리는 하루의 소중함을 잊고 살 때가 많습니다. 하지만 아침에 눈을 뜨고 하루를 시작하는 것, 무사히 하루를 마치고 잠자리에 눕는 것. 이 모든 평범한 일상이 사실은 얼마나 큰 은혜인지 이제는 압니다. 오늘도 우리에게 소중한 하루를 허락하신 하나님께 진심으로 감사를 드립니다.

주는 나의 하나님이시라 내가 주께 감사하리이다 주는 나의 하나님이시라 내가 주를 높이리이다
여호와께 감사하라 그는 선하시며 그의 인자하심이 영원함이로다
_시편 118:28-29, 개역개정

살아 있다는 사실에 감사해 본 적이 있나요?

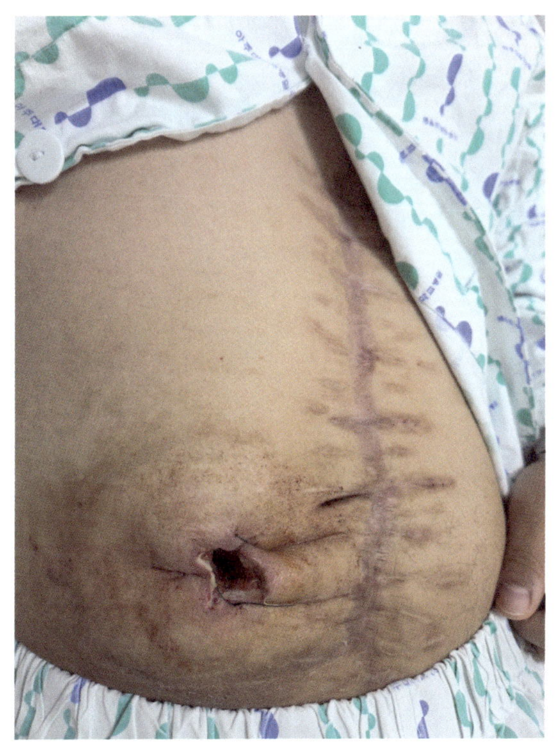

2부

병원에서 쓴
감사의 기록

여덟 번의 차가운 수술대 위에서

2024년 11월 6일 교통사고

2024년 11월 6일 첫 번째 수술 / 조영술로 출혈을 잡는 수술

2024년 11월 6일 두 번째 수술 / 비장 제거, 신장 제거, 찢어진 횡격막 봉합, 부러진 갈비뼈 고정, 소장과 대장 일부 절개 및 연결하는 수술

2024년 11월 22일 세 번째 수술 / 봉합한 소장 부위가 터져 분비물이 나와 배에 가스와 변이 차서 복막염이 발생하여 급하게 수술

2024년 11월 29일 네 번째 수술 / 봉합한 수술부위에 진물이 흘러 나와 다시 재봉합하는 수술

2025년 2월 21일 다섯 번째 수술 / 왼쪽 옆구리에 고름집이 많아 제거하는 수술

2025년 2월 26일 여섯 번째 수술 / 왼쪽 옆구리 2차 고름 제거 수술

2025년 4월 8일 일곱 번째 수술 / 후복막쪽에 고름집이 많아 제거하는 수술

2025년 7월 2일 여덟 번째 수술 / 인공항문(장루) 복원 수술

저는 한 번의 사고로 여덟 번의 수술과 네 번의 시술을 받았습니다. 평생 한 번 겪을까 말까 한 전신마취 수술을 8개월 동안 여덟 번이나 받다 보니, 몸도 마음도 닳아 없어지는 것처럼 지쳤습니다.

무엇보다 이 긴 여정은 저에게 '온전히 맡기는 훈련'이었습니다. 처음 두 번의 수술은 정신을 잃은 상태여서 기억이 없지만, 나머지 수술들은 제가 직접 서명하고 의식이 있는 상태에서 수술실로 들어갔기에 지금도 생생하게 기억합니다.

수술실은 기계 장비들 때문에 늘 서늘한 기운이 감돕니다. 수술대 위에 누워 천장을 바라보고 있으면 그 스산한 공기가 온몸으로 전해져 옵니다. 곧이어 마취제가 들어가면, 저는 수술이 끝날 때까지 제 몸을 의사에게 전적으로 믿고 맡겨야 합니다. 조금이라도 의심하면서는 맡길 수 없습니다. 제가 아무리 노력한다고 해서 상황을 바꿀 수 있는 것도 아니었습니다. 수술이 거듭될수록 저는 더욱 하나님께 매달릴 수밖에 없었고, 기적 같은 회복을 달라고 기도할 수밖에 없었습니다.

하나님'을' 의지하자. 하나님'만' 의지하자.

'을'과 '만'이라는 이 작은 차이가 우리 삶에 주는 의미는 실로 엄청납니다. '하나님을 의지한다'는 말 속에는 하나님 말고도 의지할 대상이 많다는 뜻이 숨어 있습니다. 부모님이나 돈, 권력처럼 내가 기댈 수 있는 선택지 중 하나로 하나님을 두는 것이지요. 하지만 '하나님만 의지한다'는 것은 내가 기댈 곳을 오직 하나님 한 분으로 제한

하는 결단입니다.

이것은 마치 메뉴가 수십 가지인 식당과 단일 메뉴만 파는 식당의 차이와 같습니다. 선택지가 너무 많으면 무엇을 먹을까 고민하느라 에너지를 쏟지만, 메뉴가 하나뿐인 곳은 고민할 필요가 없습니다. 그저 그것만 받아들이면 됩니다. 어쩌면 후자가 훨씬 쉬워 보이는데도, 우리는 본능적으로 더 많은 선택지를 갖고 싶어 합니다. 하나님 말고도 기댈 구석을 몇 개 더 만들어 두고 싶어 하는 것이 우리의 나약한 본성입니다.

이처럼 유일하신 하나님께서는 제가 오직 당신 한 분만을 의지하며 모든 것을 내려놓길 기다리고 계셨던 것 같습니다. 그 막막한 수술대 위에서 두려움과 걱정을 덜어 내고, 비워진 그 자리에 감사를 채워 넣으며 걷는 법을 저는 조금씩 배워 갔습니다.

이제 하나씩 들려드릴 저의 이야기들이, 여러분의 삶에 찾아온 뜻하지 않은 고난 앞에서도 오직 하나님 한 분만을 붙드는 작은 용기가 되기를 조용히 소망해 봅니다.

두려워하지 말라 내가 너와 함께 함이라 놀라지 말라 나는 네 하나님이 됨이라 내가 너를 굳세게 하리라 참으로 너를 도와 주리라 참으로 나의 의로운 오른손으로 너를 붙들리라

_이사야 41:10, 개역개정

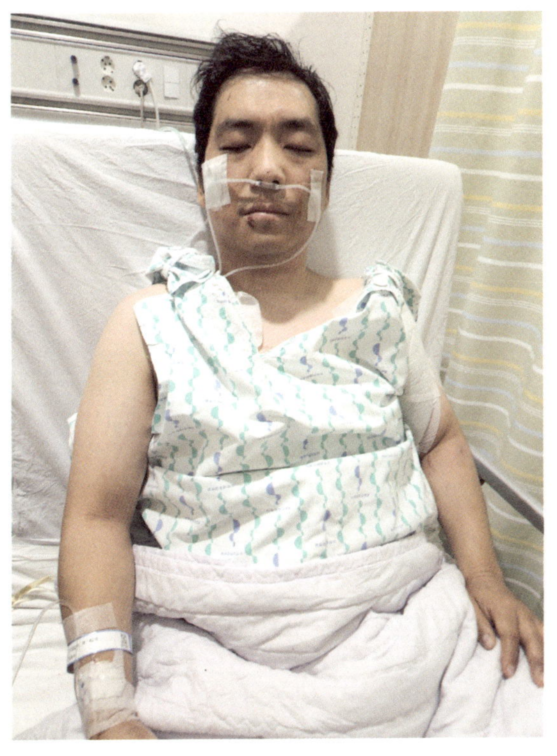

묵상

여러분은 하나님께 삶을 맡기고 있나요?

천국공동체의 기도

기적적으로 눈을 뜨고 며칠 동안 중환자실에서 상태를 지켜 보았습니다. 다행히 고비는 넘겼고, 더 나빠지지 않아 일반 병실로 올라올 수 있었습니다.

"여보, 당신을 위해서 정말 많은 분이 기도해 줬어. 지금도 기도하고 계시고…. 그러니 우리 감사하며 살자. 다른 생각 하지 말고 회복하는 데만 마음을 쓰자."

일반 병실에 올라온 저에게 아내가 가장 먼저 건넨 말이었습니다. 정말로 제 곁에는 정말 수많은 이들의 기도가 머물고 있었습니다. 사고 당일 새벽, 소식을 듣자마자 누구라도 깨어 기도해야 한다며 밤을 꼬박 새우신 이모님, 그 마음을 이어받아 기도의 끈을 놓지 않으신 장모님과 어머니, 처제와 처남 가족들….

갑작스러운 사고 소식에 모두가 놀랐지만, 제가 섬기는 프렌즈교회의 박요한 담임목사님과 온 교우들은 사랑의 마음을 담아 한목소리로 간절히 기도해 주셨습니다. 목사님께서 SNS에 제 사고 소식을 알리고 도움을 요청해 주신 덕분에, 전 세계에서 얼굴 한번 본 적 없는 수많은 분이 마음을 보태주셨습니다. 들어본 적도 없는 먼 곳의 교회에서도 사랑이 담긴 후원을 보내주셨지요. 의학적으로는 도저히 불가능해 보이던 상황을 뚫고 지나온 것은, 이 모든 기도와 마음이 모인 덕분이었습니다.

그리고 무엇보다, 이 모든 상황 속에서 졸지도 않으시고 저를 지켜보며 말할 수 없는 탄식으로 기도하신 성령 하나님이 계셨습니다.

여호와께서 너를 실족하지 아니하게 하시며 너를 지키시는 이가 졸지 아니하시리로다
이스라엘을 지키시는 이는 졸지도 아니하시고 주무시지도 아니하시리로다
여호와는 너를 지키시는 이시라 여호와께서 네 오른쪽에서 네 그늘이 되시나니
낮의 해가 너를 상하게 하지 아니하며 밤의 달도 너를 해치지 아니하리로다
여호와께서 너를 지켜 모든 환난을 면하게 하시며 또 네 영혼을 지키시리로다
여호와께서 너의 출입을 지금부터 영원까지 지키시리로다
_시편 121:3-8, 개역개정

이번 사고를 통해 기도가 얼마나 힘이 센지 다시 한 번 깊이 깨달았습니다. 예상치 못한 불행이 닥쳤을 때, 우리가 가장 먼저 해야 할 일은 원망이 아닌 기도여야 한다는 사실도요. 제가 깊은 잠에 빠져 있던 그 3일 동안, 하나님께서는 한순간도 주무시지 않고 제 곁을 지키고 계셨음을 마음 깊이 느꼈습니다.

성경을 보면 귀신 들린 아이를 고치지 못해 쩔쩔매는 제자들의 모습이 나옵니다. 그때 예수님께서는 "기도 외에 다른 것으로는 이런 일이 일어날 수 없다"고 말씀하셨지요. 결국 기적을 현실로 만드는 것은 믿음이고, 그 믿음은 기도를 통해 단단해진다는 것을 알 수 있습니다.

성경은 우리의 믿음을 '순금'에 비유하곤 합니다. 금은 불순물이 얼마나 들어있느냐에 따라 그 가치가 달라지는데, 불순물을 없애고 순도를 높이려면 뜨거운 불 속에 넣어 달궈야 합니다. 우리네 믿음도 비슷합니다. 시련이라는 뜨거운 시간을 기도로 통과할 때, 우리의 믿음은 비로소 순수해집니다. 절망에 넘어져 낙심하는 자리가 아니라, 기도로 하나님의 뜻을 발견하는 자리가 되는 것이지요.

만약 가족들과 교우들, 동역자들이 기도의 끈을 놓아 버린 채 걱정과 염려만 하고 있었다면 어땠을까요? 아마 저는 지금 이렇게 감사의 마음을 담아 글을 쓰고 있지 못했을지도 모릅니다. 기도의 위대함을 온몸으로 겪으며, 하나님께서 우리의 작은 신음과 간구를 얼마나 기다리고 계시는지 알게 되었습니다.

혹시 지금 절망과 고통 속에서 허덕이는 분이 계시는지요. 현실을 부정하며 내 힘으로 어떻게든 해결해 보려고 애쓰고 있지는 않나요? 졸지 않으시는 하나님을 붙잡을 수 있기를 소망해 봅니다. 우리의 아픔을 세상의 힘이 아닌 하나님 앞에 솔직하게 털어 놓을 때, 비로소 때에 맞는 은혜를 경험할 수 있습니다. 낮의 해도, 밤의 달도 우리를 해치지 못하도록 지키시는 그 그늘 아래서, 저와 당신의 삶이 온전한 평안을 누리기를 조용히 빌어 봅니다.

하나님이여 나를 긍휼이 여기시고 나를 긍휼히 여기소서 내 영혼이 주께로 피하되 주의 날개 그늘 아래서 이 재앙이 지나기까지 피하리이다 내가 지극히 높으신 하나님께 부르짖음이여 곧 나를 위하여 모든 것을 이루시는 하나님께로다

_시편 57:1-2, 개역개정

절망 가운데 기도를 통해 하나님이 깨어 계심을 확신하게 된 사건이 있나요?

기적보다 먼저 찾아온 억울함

'하나님, 저 너무 억울하고 속상해요…. 이건 너무 부당하지 않나요? 왜 하필 저예요? 왜 제가 사고를 당하고 이런 고통스러운 수술을 견뎌야 하나요? 제가 왜 여기에 이렇게 누워 있어야만 하는 건가요…?'

정신이 온전하게 돌아와 생각을 정리할 수 있게 된 첫날이었습니다. 병실 천장을 바라보며 가장 먼저 든 생각은 아이러니하게도 '감사'가 아니었습니다. 수많은 분의 기도로 생명을 건졌다는 사실을 알면서도, 제 마음을 먼저 채운 것은 견딜 수 없는 '부당함'과 '억울함'이었습니다. 살려 주신 하나님께 감사하기보다 서러운 눈물이 먼저 앞섰다는 사실이 부끄럽기도 하지만, 그것이 솔직한 제 마음이었습니다.

돌이켜보면 저는 고등학교 1학년 때 친구를 따라 교회를 나가기 시작한 후, 지난 30여 년간 정말 열심히 살았다고 자부했습니다. 제 이름이 높아지는 것이 아니라 하나님의 영광을 위해 최선을 다해 순종하며 걸어왔습니다. 하나님이 주신 비전을 품고 세상에 선한 영향력을 끼치며 살고자 애썼습니다. 그런데 그 헌신과 노력의 끝이 죽음의 문턱까지 내몰리는 것이었고, 온몸이 수술 자국 투성이가 된 채 병상에 누워 있는 것이라 생각하니 말로 표현할 수 없을 만큼 가슴이 미어졌습니다.

몸이 너무 아파서 시간을 돌릴 수만 있다면 사고 전으로 되돌리고 싶은 마음뿐이었습니다. 하지만 우리는 하나님이 아니기에 과거로 돌아갈 수도, 미래로 건너뛸 수도 없는 연약한 존재입니다. 그래서 저는 하루 종일 눈을 감고 제 안의 부당함과 억울함을 하나님 앞에 쏟아 냈습니다.

우리는 간절히 기도한 것들이 응답될 때 벅찬 기쁨으로 감사를 드립니다. 때로는 기도한 대로 이루어지지 않아도 하나님의 더 큰 뜻이 있음을 믿으며 입술을 깨물고 감사를 고백하기도 합니다. 하지만 삶에서 정말 부당하고 억울한 일을 겪었을 때는 어떻습니까? 그런 순간에도 감사라는 말이 먼저 나올 수 있을까요? 내 결백을 증명하고 억울함을 풀어줄 것이라는 확신을 가지고 묵묵히 견뎌 낼 수 있을까요?

아마도 감사와 침묵보다는 내가 할 수 있는 모든 방법을 동원해 억울함을 호소하고 싶어지는 것이 당연할지 모릅니다. 어쩌면 육체의 고난보다 '억울함'이라는 감정이 사람을 더 초라하게 만드는 것 같습니다. '나는 그런 사람이 아니다'라는 생각이 앞서다 보니, 이성적인 판단보다는 감정이 먼저 날을 세우기 마련입니다. 저 역시 그랬습니다. 제 힘으로는 일어날 수도 없어 아내의 도움을 받아야만 하고, 말조차 어눌해진 제 모습을 보며 도저히 감사가 입 밖으로 나오지 않았습니다.

모든 것을 포기하고 싶었습니다. 곁에서 아내는 계속 힘과 용기를 주려고 애썼지만, 그 따뜻한 말조차 위로가 되지 않았습니다. 다시 한 번 기회를 주신 하나님은 보이지 않고 원망만 파도처럼 밀려왔습니다. 어쩌면 제 몸보다 먼저 무너져 내린 것은 마음이었는지도 모릅니다. 상처투성이인 육신보다, 긍정적인 미래를 꿈꾸지 못하는 마음이 먼저 무너졌기에 다시 일어나는 일이 그토록 더디고 힘들었습니다.

마음이 완전히 무너졌을 때, 우리는 과연 무엇을 해야 할까요? 하나님께서는 그 처절한 어둠 속에서 저에게 무엇을 바라고 계셨던 걸까요? 저는 이 무너진 마음의 밑바닥에서, 여러 사건을 거치며 그 답을 하나씩 찾아가기 시작했습니다.

내 영혼아 네가 어찌하여 낙심하며 어찌하여 내 속에서 불안해 하는가 너는 하나님께 소망을 두라 그가 나타나 도우심으로 말미암아 내가 여전히 찬송하리로다

_시편 42:5, 개역개정

여러분은 낙심을 어떻게 다루고 있나요?

안 아픈 곳을 바라보는 힘

"최원석 환자분, 일어나 보세요."

"……."

"일어나 보시라니까요. 일어나서 힘 좀 내세요. 누워만 있으면 안 됩니다."

제가 입원했던 중증외상센터 5층 병동의 수간호사님은 매일 아침 환자들을 찾아와 안부를 묻고 하루 일정을 챙겨주셨습니다. 하지만 당시 저는 간호사님이 오셔도 대답조차 하기 싫어 그저 눈을 감고 누워만 있었습니다.

그러던 어느 날이었습니다. 그날따라 수간호사님은 끈질기게 저를 부르며 굳이 일어나 앉으라고 재촉하셨습니다. 당시 제 마음은 원망과 억울함으로 가득 차 있었습니다. 먹기만 하면 토해내기 일쑤였고, 모든 것을 포기한 채 그저 어둠 속에 잠겨 있고 싶었습니다. 억지로 깨우는 목소리에 힘이 나기는커녕 짜증만 솟구쳤습니다. 하지만 계속되는 권유에 못 이겨 마지못해 몸을 일으켜 앉았습니다.

"왜요, 무슨 일이신데요?"
'탁! 탁!'

대답이 끝나기가 무섭게 수간호사님이 제 등을 있는 힘껏 내리치셨습니다. 갑작스러운 행동에 당황한 저에게 간호사님이 다시 말씀하셨습니다.

"이렇게 누워만 계시면 안 돼요. 장기가 많이 손상됐기 때문에 가만히 있으면 회복이 더딥니다. 자꾸 일어나서 움직이고 운동을 하셔야 빨리 낫는 법이에요."

그 순간, 저는 머리를 무언가로 얻어 맞은 듯한 충격을 받았습니다. 누군가에게는 그저 무뚝뚝한 격려였을지 모르지만, 저에게는 그 소리가 하나님이 제 등을 두드리며 건네시는 준엄한 꾸짖음이자 위로로 들렸습니다. 온몸에 전율이 흐르며 가슴 깊은 곳에 은혜가 스쳤습니다.

무엇보다 놀라웠던 사실은, 수간호사님이 그렇게 세게 제 등을 쳤는데도 하나도 아프지 않았다는 점입니다. 그때 번뜩 깨달음이 찾아왔습니다.

'맞아, 내가 아픈 곳은 수술 자국이 선명한 앞쪽과 왼쪽 옆구리뿐이지.

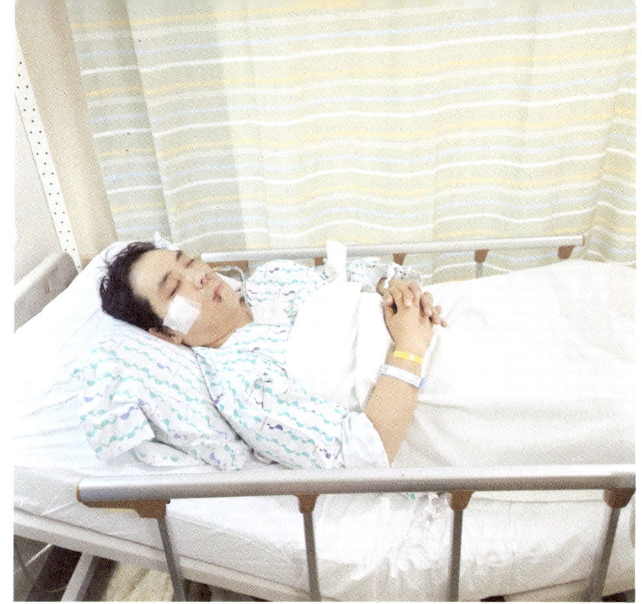

그런데 왜 나는 온몸이 다 무너진 것처럼, 아무것도 할 수 없는 사람처럼 누워만 있었던 걸까?'

아무리 몸이 아파도 안 아픈 곳은 분명히 있었습니다. 육체적, 정신적 고통이 삶의 90퍼센트를 차지한다고 해도, 여전히 아프지 않은 10퍼센트의 자리가 남아 있었습니다. 고통이 우리 삶의 전부를 집어삼킬 수는 없다는 사실을 그제야 알았습니다.

하지만 우리는 고난이 찾아오면 너무나 쉽게 삶 전체가 무너지는 것을 허용해버리곤 합니다. 아픈 곳에만 시선을 빼앗겨 며칠이고 몇 달이고 동굴 속에서 나오지 못합니다. 그런 삶이 반복되다 보면 아주 작은 시련에도 다시는 일어나지 못할 것처럼 주저앉게 됩니다. 마음의 병도 결국 거기서부터 시작되는 것일지도 모릅니다.

그래서 우리는 아픈 몸과 마음을 먼저 보기보다, 여전히 아프지 않은 곳을 먼저 바라봐야 합니다. 90개의 상처에 매몰되기보다 남겨진 10개의 은혜를 먼저 찾아내는 것, 그것이 다시 일어설 수 있는 유일한 길임을 하나님은 그날 간호사님의 손을 빌려 가르쳐주셨습니다.

그는 넘어지나 아주 엎드러지지 아니함은 여호와께서 그의 손으로 붙드심이로다

_시편 37:24, 개역개정

 묵상

고난 가운데 있을 때 아프지 않은 곳이 있음에 감사하지 못하고 좌절하고 절망하진 않았나요?

자라 보고 놀란 가슴,
솥뚜껑에 무너지지 않으려면

우리가 시련을 딛고 일어서려 할 때, 자꾸만 발목을 잡는 것이 있습니다. 바로 '트라우마'입니다. 고난이 찾아올 때 안 아픈 곳을 먼저 떠올리며 감사하기란 결코 쉬운 일이 아닙니다. 특히 과거의 아픈 기억이 흉터처럼 남아 있다면, 작은 자극에도 마음은 금세 겁을 먹고 뒤로 물러나게 마련입니다.

저에게도 이번 사고로 인해 생긴 지독한 트라우마가 하나 있습니다. 다섯 번째 수술을 앞두고 벌어진 일이었습니다. 사고 후 좀처럼 떨어지지 않는 염증 수치의 원인을 찾기 위해 정밀 검사를 해보니, 왼쪽 배 부분에 커다란 고름집들이 여럿 생겨 있었습니다. 상황이 급박해져 이틀 뒤로 수술 일정을 잡았습니다.

"최원석 환자분, 처치실로 가실게요."

수술 당일 아침, 간호사님이 저를 불렀습니다. 처치실은 병동마다 마련된 간이 수술실 같은 곳으로, 저는 평소에도 소독과 치료를 위해 일주일에 네 번 이상 드나들던 곳이었습니다. 그저 수술 전 간단한 치료를 받는 거라 생각하며 가벼운 마음으로 침대에 누워 처치실로 향했습니다.

"환자분, 지금 여기서 수술을 해야 할 것 같아요. 수술실 일정에 마취과 선생님이 자리가 없어서 도저히 잡히질 않네요. 그런데 지금 염증이 너무 심해서 마냥 기다릴 수가 없습니다. 여기서 부분마취만 하고 고름집을 제거하겠습니다."

불길한 예감은 틀리지 않았습니다. 마취과 의사도, 정식 수술실도 없이 그 좁은 처치실에서 생살을 째고 수술을 하겠다는 것이었습니다. 하지만 그때까지만 해도 10분 뒤에 벌어질 일을 상상조차 못 했기에 큰 걱정은 하지 않았습니다. 교수님은 수술 부위에 몇 군데 마취 주사를 놓으셨습니다.

"느낌 안 나세요?"
"네, 아무 느낌 없어요."
'서걱, 서걱……'

마취 덕분에 통증은 없었지만, 의료용 칼이 제 살을 가르고 들어오는 소리가 귓가에 선명하게 들렸습니다. 그때까지는 견딜 만했습니다.

"환자분, 세 군데를 절개했는데 안에 고름이 생각보다 많네요. 지금부터 긁어낼 겁니다. 많이 아플 수 있으니 잘 참으셔야 해요."

"해 보겠습니다……."

"아악! 아……! 교수님, 너무 아파요! 못 견디겠어요!"

거짓말 하나 보태지 않고 살면서 겪은 육체적 고통 중 가장 처절한 순간이었습니다. 마취를 했음에도 몸속 깊은 곳에 자리 잡은 고름집을 잘라내고 긁어내는 감각은 고스란히 뇌로 전달되었습니다. 눈에서는 저절로 눈물이 쏟아졌습니다.

이를 악물고 속으로 기도했습니다. 제발 견딜 수 있게 해달라고, 이 고통을 이길 힘을 달라고요. 너무 아파 당장이라도 침대 밖으로 뛰쳐나가고 싶었지만, 팔다리를 꽉 붙잡은 간호사들의 손길에 꼼짝도 할 수 없었습니다. 오직 의지할 분은 하나님뿐이었습니다. 그렇게 50여 분 동안 생지옥 같은 고통 속에 머물러야 했습니다.

"너무 아파하셔서 완벽하게는 못 했어요. 일단 급한 불은 껐으니, 다음 주에 날 잡아서 전신마취하고 다시 제대로 합시다. 고생하셨어요."

'겨우 급한 불만 끈 거라고? 난 죽는 줄 알았는데…….'

마른하늘에 날벼락이 있다면 바로 이런 순간일 것입니다. 늘 드나들며 소독받던 익숙한 공간이 순식간에 공포의 장소로 바뀌어버렸습니다. 병실로 돌아온 저는 한동안 아무 말도 할 수 없었습니다.

문제는 그다음 날이었습니다.

"환자분, 처치실로 가실게요."

간호사님의 그 한마디에 심장이 덜컥 내려앉았습니다. 평소처럼 오전에 회진을 돌며 소독하러 가자는 말이었는데, 제 몸이 먼저 반응했습니다.

'얼마나 아플까? 또 수술하는 건 아닐까?'

일어나지도 않은 일이 벌써 아프게 느껴졌습니다. '자라 보고 놀란 가슴 솥뚜껑 보고 놀란다'는 속담은 제 현실이 되었습니다. 내 힘으로는 이 공포를 절대 이길 수 없다는 것을 처절하게 깨달았습니다. 저는 처치실로 향하기 전, 통증을 줄여주는 진통 주사를 맞고 간절히 기도했습니다.

'하나님, 제발 평안을 주세요. 일어나지도 않은 일을 미리 걱정하며 두려움에 떨지 않게 도와주세요. 잘 견딜 수 있게 저를 붙들어주세요.'

강하고 담대하라 두려워하지 말며 놀라지 말라 네가 어디로 가든지 네 하나님 여호와가 너와 함께 하느니라 하시니라

_여호수아 1:9 하반절, 개역개정

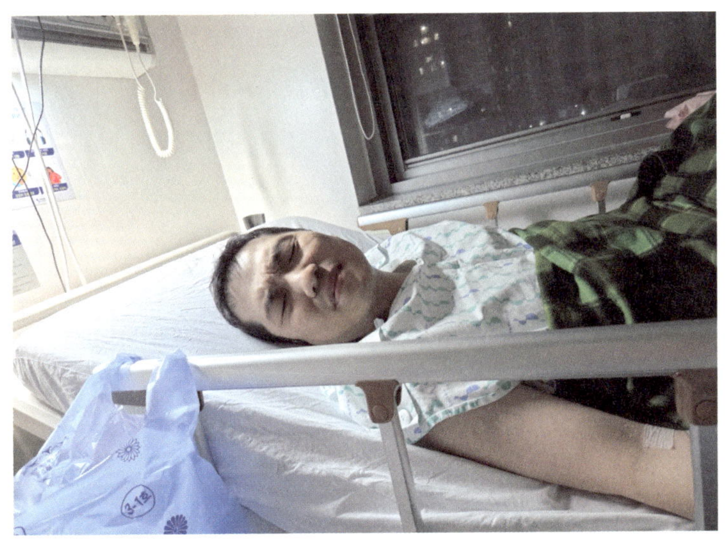

처치실 문턱을 넘기 전 이 말씀을 붙들었습니다. 강하고 담대하라는 음성이 제 마음을 감싸는 순간, 신기하게도 저를 억누르던 공포가 조금씩 걷히기 시작했습니다. 어디를 가든, 심지어 그 무서운 처치실 안에서도 하나님이 함께하신다는 확신이 들자 트라우마는 힘을 잃었습니다.

우리는 누구나 살면서 크고 작은 일에 넘어집니다. 공부나 취업, 관계나 사업에서 뜻대로 되지 않아 마음이 무너질 때가 있지요. 그런 무너짐 속에서 '안 아픈 곳'을 찾아내기란 참으로 어렵습니다. 과거의 상처가 오늘을 발목 잡고, 아직 오지도 않은 내일을 두려워하게 만듭니다.

하지만 염려와 걱정은 우리의 의지로 해결할 수 있는 영역이 아닙니다. 나를 나보다 더 잘 아시는 하나님께 솔직하게 털어놓고 그분의 도우심을 구할 때, 비로소 상처 너머에 있는 '아프지 않은 곳'이 보이기 시작합니다. 우리가 넘어졌을 때 아주 엎드러지지 않도록 우리 손을 꽉 쥐고 계신 분이 곁에 있다는 사실을 느낄 수 있습니다.

지금 과거의 기억에 갇혀 한 발짝도 떼지 못하고 있는 분이 계신가요? 부디 힘을 내시길 바랍니다. 우리를 지키시는 분은 우리가 들어오고 나가는 모든 순간을 영원까지 지켜 주고 계십니다.

여호와께서 너를 지켜 모든 환난을 면하게 하시며 또 네 영혼을 지키시리로다 여호와께서 너의 출입을 지금부터 영원까지 지키시리로다
_시편 121:7-8, 개역개정

과거의 상처에 짓눌려 현재가 발목 잡혀 있지는 않나요?

억울함이라는 감옥에서 걸어 나오다

저를 다시 일으켜 세우신 하나님께서 가장 먼저 건네신 것은 말씀을
통한 위로였습니다.

억울하게 고난을 당하더라도 하나님을 생각하면서 괴로움을 참으면,
그것은 아름다운 일입니다.
_베드로전서 2:19, 새번역

병실 침대에 누워 '억울하다'는 생각에 사로잡혀 며칠을 꼼짝 않고 있
을 때였습니다. 수간호사님을 통해 저를 억지로라도 일으켜 세우신
하나님은, 이 말씀을 통해 제 마음의 빗장을 두드리셨습니다.

'원석아, 네가 지금 억울하다고 느끼니? 열심히 살았는데 부당한 결과
를 받았다고 나를 원망하고 있니? 네가 그런 상황 속에서도 나를 생
각하며 괴로움을 견뎌낸다면, 그때 비로소 정말 아름다운 열매를 네

게 허락할 거야.'

그 마음이 닿는 순간, 비로소 예수님의 마음이 느껴졌습니다. 부당하고 억울한 마음으로 가득 찼던 자리에 예수님의 마음이 조금씩 차오르기 시작했습니다.

'맞아. 누구보다 부당하고 억울한 일을 겪으신 분은 바로 예수님이지. 내가 느끼는 이 억울함은 사실 내 자존심 때문에 생기는 거였구나…….'

인류의 죄를 대신 지기 위해 이 땅에 오셔서, 가장 극악무도한 죄인에게 내려지는 십자가형을 받으신 분. 죄 없으신 그분이 겪으신 억울함에 비하면 제가 가진 서러움은 너무나 작고 초라했습니다. 그 마음을 깨닫고 나니 제 안에 가시처럼 돋아 있던 불평들이 녹아내렸습니다. 그때야 비로소 저를 위해 기도해 주시는 가족들과 전 세계의 많은 이들이 떠올라 눈물이 났습니다. 저만 보느라 닫혀 있던 입술이 그제야 타인을 위한 중보로 열리기 시작했습니다.

그렇게 감사가 회복되자 봇물 터지듯 회개가 터져 나왔습니다. 주일에 병실에 앉아 온라인 예배를 드리는데, 갑자기 제 안으로 뜨거운 회개의 은혜가 부어졌습니다. 그 기도는 지난 30여 년간 크리스천으로 살아온 제 삶을 송두리째 뒤흔드는 것이었습니다.

지금껏 하나님의 영광을 위해 노력하고 하나님 나라를 위해 영향력을 끼친다고 생각했던 모든 일들이, 사실은 하나님이 아닌 '나 자신'의 영광을 위한 것이었다는 마음을 강하게 주셨습니다. 예배를 드리는 내내 저는 어린아이처럼 울 수밖에 없었습니다.

'하나님, 잘못했습니다. 저는 제가 제 자신을 위해 사역한 것이 아니라 하나님 위해서 노력하고 헌신했다고 생각했어요. 제가 유명해지고 싶어 노력한 것이 아니라 하나님을 더 나타내기 위한 노력이라 생각했어요. 그런데 그게 전부 아니란 것을 깨닫게 해주셔서 감사해요. 이렇게 무지하게 살아가지 않게 하시고 이런 상황을 주셔서 돌아올 수 있게 해주셔서 너무 감사해요. 앞으로는 정말 하나님보다 앞서지 않고 기도보다 앞서지 않을게요. 가식적인 것이 아닌 진짜 순종을 할게요…. 너무 사랑합니다. 예수님의 이름으로 기도합니다.'

눈물의 예배를 마치고 다음 날 오전, 잠깐 낮잠이 들었습니다. 꿈속에서 저는 계속 무언가를 토해내고 있었습니다. 평소 속이 좋지 않아 하던 헛구역질이 아니라, 딱딱하게 굳은 커다란 덩어리들이 몸속에서 하나씩 밀려 나왔습니다. 답답해서 뒹구는 저를 보며 아내는 걱정스럽게 안색을 살폈고, 덩어리는 나오고 또 나왔습니다. 마침내 마지막 덩어리가 쑥 빠져나가는 순간, 저는 생전 처음 느껴보는 형언할 수 없는 시원함을 경험하며 잠에서 깼습니다.

'하나님께서 내 진심 어린 회개를 받아주셨구나……. 정말 감사해요. 정말 감사합니다. 주님…. 앞으로는 정말 두렵고 떨리는 마음으로 하나님만 바라보며 사역할게요….'

그 어떤 얼음물보다 시원한 해갈이 온몸을 감쌌습니다. 어제 드린 눈물의 예배를 하나님께서 온전히 받아주셨다는 확신이 들었습니다. 감사의 고백이 숨 쉬듯 자연스럽게 흘러나왔습니다.

살다 보면 누구나 부당하고 억울한 일을 겪습니다. 그럴 때 우리는 자꾸만 내 힘으로 그 억울함을 풀려고 애를 씁니다. 하지만 우리보다 앞서 그 길을 걸으신 분, 세상에서 가장 억울한 자리에 서셨던 예수님을 기억할 수 있기를 소망합니다.

억울함이 삶을 짓눌러 모든 것이 부정적으로 보이고, 꼬인 실타래처럼 삶이 자꾸만 엉키는 것처럼 느껴질 때가 있습니다. 그럴 때일수록 우리가 하나님의 자녀라는 사실 하나만으로 충분히 만족할 수 있다면 얼마나 좋을까요. 그런 마음으로 하루를 채워가다 보면 어느새 감사가 회복되고, 단단히 꼬였던 삶의 실타래도 하나씩 풀리는 은혜를 마주하게 될 것입니다.

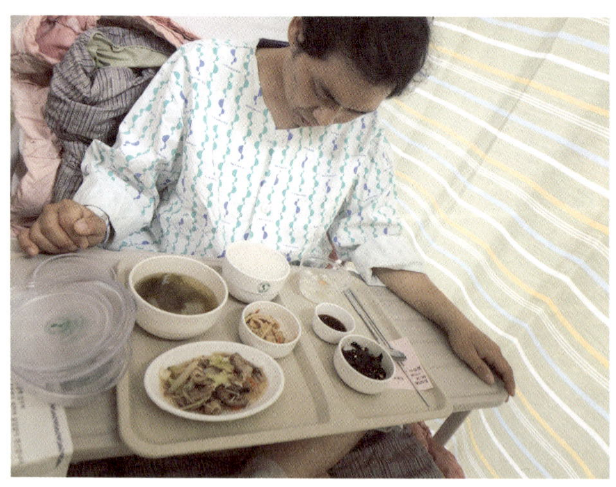

비록 무화과나무가 무성하지 못하며 포도나무에 열매가 없으며 감람
나무에 소출이 없으며 밭에 먹을 것이 없으며 우리에 양이 없으며 외
양간에 소가 없을지라도
나는 여호와로 말미암아 즐거워하며 나의 구원의 하나님으로 말미암
아 기뻐하리로다
주 여호와는 나의 힘이시라 나의 발을 사슴과 같게 하사 나를 나의 높
은 곳으로 다니게 하시리로다 이 노래는 지휘하는 사람을 위하여 내
수금에 맞춘 것이니라

_하박국 3:17-19, 개역개정

 **묵상**

억울함 때문에 불평으로 우리의 삶을 채웠던 순간들이 있나요?

길이 없는 곳에 길이 있었습니다

인생에도 사계절이 있습니다. 계절이 매년 반복되듯 우리 인생의 겨울도 예고 없이, 그리고 반복적으로 찾아옵니다. 겨울을 지날 때 우리 마음은 한없이 춥고 움츠러들기 마련입니다. 하지만 하나님께서 왜 우리에게 이 시린 계절을 허락하셨는지 그 마음을 조금이라도 헤아릴 수 있다면, 우리는 이전보다 조금 더 따뜻한 겨울을 보낼 수 있을지 모릅니다.

우리는 흔히 '순종하면 축복, 불순종하면 저주'라는 공식에 익숙해져 있습니다. 그래서 고난이 찾아오면 "내가 무엇을 잘못했을까?"라며 자책부터 하곤 합니다. 하지만 분명한 것은 고난과 저주는 같은 말이 아니라는 사실입니다. 하나님께서 우리를 연단하기 위해 고난을 허락하실 수는 있지만, 그것을 곧장 저주로 받아들이면 삶은 걷잡을 수 없이 어두워집니다.

저 역시 그랬습니다. 교통사고 후 병실에 누워 있을 때, 가장 먼저 든 생각은 "내가 무슨 잘못을 했기에 이런 일을 겪어야 하나"라는 원망이었습니다. 그런 생각은 꼬리에 꼬리를 물고 저를 더 깊은 절망의 동굴로 몰아넣었습니다.

성경은 말합니다. 선을 행하다가도 고난이 올 수 있고, 악을 행하다가도 고난이 올 수 있다고 말이지요. 우리가 아무리 깨어 살려고 노력해도 원치 않는 시련은 찾아올 수 있고, 잠시 하나님과 멀어져 있어도 평탄한 날이 계속될 수 있습니다. 고난이 언제, 누구에게 찾아올지는 아무도 알 수 없습니다. 그렇다면 하나님은 왜 우리에게 이 어려운 시간을 허락하시는 걸까요?
하나님께서 고난을 통해 확인하고 싶어 하시는 것은 바로 '우리의 마음'입니다.

이스라엘 백성들을 40년 동안 광야에 두신 이유는 분명했습니다. 그들을 낮추고 시험하여, 그들의 마음이 정말 어디를 향하고 있는지 알고 싶으셨던 것입니다. 우리에게 찾아온 원치 않는 현실도 실은 우리가 겸손을 배우고 마음을 점검하는 귀한 시간이 될 수 있습니다.

여기서 눈여겨볼 단어는 '광야'가 아니라 '광야 길'입니다. 광야는 사막입니다. 언뜻 보기엔 길이 전혀 없는 곳처럼 보입니다. 그래서 우리는 광야에 홀로 던져졌을 때 길이 보이지 않아 두려움에 떱니다. 하지만 하나님의 눈으로 볼 때는 그곳이 길이 없는 사막이 아니라 분명한 '길'입니다.

저는 군생활을 특공대에서 하며 '천리행군'을 해본 적이 있습니다. 지휘관은 뻔히 닦여 있는 길을 놔두고 꼭 나무를 헤치고 풀숲을 쳐내며 가라고 지시했습니다. 병사들의 눈에는 도저히 길처럼 보이지 않았지만, 결국 우리는 목적지에 도착했습니다. 지휘관의 눈에는 그 험한 수풀이 목적지로 향하는 가장 확실한 '길'이었던 셈입니다.

이처럼 광야도 우리 눈에는 막막해 보일지라도 하나님의 눈에는 분명한 길입니다. 우리의 진심을 알고 싶어 하시는 주님의 깊은 뜻이 숨겨진 통로인 것이지요. 이 사실을 신뢰할 때, 고난은 더 이상 우리를 무너뜨리는 시련이 아니라 감사의 제목이 됩니다.

광야를 뜻하는 히브리어 '미드바르'는 '함께'라는 뜻의 '미'와 '말씀'이라는 뜻의 '다바르'가 합쳐진 말입니다. 즉, 광야는 '하나님의 말씀이 함께 있는 곳'이라는 뜻을 품고 있습니다. 고난의 자리를 허락하신 아버지의 마음을 깨닫는 순간, 놀랍게도 그 메마른 땅에서 말씀의 은혜가 터져 나옵니다. 깊은 고난을 통과할 때야 비로소 말씀의 단맛을 깊이 체험할 수 있는 것입니다.

사고라는 큰 풍랑 속에서 저 역시 이 비밀을 깨달았습니다. 눈으로만 보고 귀로만 듣던 말씀이 온전히 제 가슴으로 파고드는 은혜를 경험했습니다. 고난이 고난이 아니고, 광야가 길이 없는 사막이 아니라 '광야 길'임을 알게 되었을 때 한없는 감사가 터져 나왔습니다.

혹시 지금 생각지도 못한 고난 앞에 서 계시는지요. 내가 무엇을 잘못했는지 자책하며 좌절하기보다, 이 시간을 하나님의 말씀을 깊이 배울 기회로 여겨보면 어떨까요. 고난을 돌파해 나가는 그 길 위에서, 우리는 이전보다 더 단단하고 성숙해진 자신을 만나게 될 것입니다.

고난 당한 것이 내게 유익이라 이로 말미암아 내가 주의 율례들을 배우게 되었나이다

_시편 119:71, 개역개정

언제 우리에게 찾아올지 모르는 고난 때문에 불안해 하는 모습이 있지는 않나요?

하나님이 주인되는 가정

아빠 사랑해요…. 희성이에요.

아빠, 오늘도 싸웠어요. 안 싸우는거 힘들어요. 노력해볼게요. 그리고 힘내세요.

매일 서울로 왔다갔다 하는 거 힘들죠? 제가 커서 아빠 많이많이 도와줄게요. 그런데, 몸은 괜찮으세요? 안 싸우도록 기도했는데 오늘 또 싸웠어요. 아빠 도와주는 다정이가 되고 싶어요. 아빠처럼 착한 사람이 되고 싶어요. 아빠 아프지 마세요. 너무너무 슬퍼요. 그동안 잘못했던 거 용서해 주세요. 제가 아빠 많이많이많이많이 우주 끝까지 사랑해요.

- 2024년 11월 6일 다정 올림

아빠 사랑해요. 아빠, 살면서 아빠 말씀 안 들은 거 죄송해요. 아빠가 집에 오면 동생들 데리고 놀아주는 모습만 보여줄게요. 그리고 지금 동생들이 편지 쓰고 있어요. 아빠가 바라던 게 다정이랑 사이좋게 지내기, 양치 잘하기, 성경책 읽기잖아요. 잘 지킬게요. 아빠, 또 제가 편지를 쓰는 시간 6시 25분부터 수술 끝날 때까지 건강하게 있어주세요. 아빠, 그리고 교통사고 당한 것은 내일 바로 나을 것이라는 확신 믿고 갑시다! 꼭 우리 집으로 다시 올 수 있죠? 아빠가 없을 때에도 학교 잘 가고 할머니 말씀 잘 듣고 있을게요. 그리고 아빠 빨리 회복되실 수 있죠? 건강하게 돌아올 것을 약속해요. 아빠, 회복하고 다시 올 때까지 아빠랑 약속한 거 잘 지킬게요. 아빠가 없을 때 노래 부르며 기다릴게요.

- 누구보다 최원석 목사님을 사랑하는 지성이가

아빠, 저 현성이에요. 제가 버릇없게 행동한 게 너무나 많고 동생과도 많이 싸웠습니다. 잘 대해주고 친절했어야 했는데 제가 많이 부족했던 거 같습니다. 제가 예전에 맹장 수술할 때 아빠가 제게 위로와 큰 힘이 되어주었으니 저도 아빠에게 위로와 큰 힘이 되어줄게요. 아빠 사랑해요.

- 11월 6일 6시 56분 아빠에게 보내는 현성이의 편지

아빠, 안녕하세요. 아빠의 첫째 아들 최주성입니다. 아빠는 가족을 위해 늘 헌신하시는데 그에 맞는 답을 못해드려 죄송합니다. 앞으로는 아빠가 없을 때 아빠의 역할을 착실하게 수행하기 위해 노력하겠습니다. 또 엄마의 말도 한 번에 순종하고 엄마를 열심히 도와 드리겠습니다. 전 사고가 났을 때 아빠하고 같이 있었지만 전 다치지 않았습니다. 저는 아빠가 마지막에 제 쪽으로 튼 것을 알고 있습니다. 전 아빠한테 항상 신세만 지고 있습니다. 저도 이제 아빠의 뜻대로 열심히 살

아가도록 노력하겠습니다. 만약 아빠가 이 편지를 받으셨다면 일어나신 거겠죠. 아빠를 집에서 기다리고 있는 주현지다희(오남매 이름의 앞글자만 딴 가족만의 애칭)와 가족들이 있습니다. 모두 아빠를 위해서 기도하고 있습니다. 저희는 아빠가 다시 예전에 밝았던 아빠로 돌아올 줄 믿습니다. 마지막으로 아빠, 저희는 아빠가 힘들게 살지 않았으면 좋겠습니다. 아빠 너무 무리하지 마세요. 또 이런 일이 생기면 저희 마음은 찢어집니다. 꼭 아빠 회복하여 옛날에 밝은 그 최원석으로 돌아왔으면 좋겠습니다. 아빠, 전 아빠가 뭘 해도 늘 아빠를 사랑합니다. 마지막으로 아빠 늘 고맙고 진심으로 사랑합니다.

***

이 편지들은 제가 아주대학교 병원에 도착하여 수술실에 들어가 있을 때 아이들이 할머니 폰으로 녹음하여 제게 음성으로 보낸 것입니다. 하지만 저는 이 편지를 나중에 일반병실로 올라와서야 듣게 되었습니다. 이 편지를 듣는 순간 하염없이 눈물만 흘렸습니다.

제 나이 일곱 살 때, 아버지는 홀로 운전을 하시다가 버스와 충돌하는 사고로 세상을 떠나셨습니다. 아버지가 계시지 않은 집에서 홀어머니 밑에 자란다는 것이 얼마나 고단하고 서러운 일인지 저는 누구보다 잘 압니다. 만약 제가 이번 사고로 먼저 천국에 갔다면, 홀로 남겨져 다섯 남매를 키워야 할 아내와 저처럼 아빠 없이 자라게 될 아이들의 모습이 떠올라 가슴이 미어졌습니다. 속상한 마음에 눈물이 멈추질 않았습니다. 그리고 그 울음 끝에 문득 질문 하나가 남았습니다.

'나는 과연 어떤 아빠였을까?'

돌아보니 저는 참 엄한 아버지였습니다. 어머니는 저를 키우며 늘 말씀하셨습니다. 어디 가서 '아비 없는 자식'이라는 소리는 듣지 않게 하겠다고요. 그 다짐 때문인지 저는 칭찬보다 훈계를 훨씬 더 많이 들으며 자랐습니다. 그 아픔을 누구보다 잘 알면서도, 제 아이들을 키울 때 저도 모르게 똑같은 길을 걷고 있었습니다. 아이들이 세상에 나가 욕 먹지 않게 하겠다는 명목으로 칭찬 대신 잔소리를, 격려 대신 엄격함을 앞세웠던 것입니다.

아이들을 만드시고 이끌어 가시는 하나님을 전적으로 신뢰하며 사랑으로 양육했어야 했는데, 저는 예수님을 믿고 가정을 이룬 뒤에도 과거의 결핍이 준 방식 그대로 아이들을 대하고 있었습니다. 저의 이런 부족하고 연약한 모습은 바쁘게 달릴 때는 보이지 않더니, 죽음의 문턱에서 삶이 강제로 멈추고 나서야 비로소 보이기 시작했습니다.

가정은 이 땅에 허락된 '작은 천국'입니다. 그 소중한 울타리 안에서 사랑을 실천하고 섬김을 배울 때 우리는 비로소 천국을 맛봅니다. 하지만 우리는 가장 가깝다는 이유로 서로에게 예의를 갖추지 않고, 오히려 함부로 대할 때가 많습니다. 부부 사이도, 부모와 자식 사이도 그렇습니다. 그러나 세상 그 어느 곳보다 먼저 회복되어야 할 곳은 바로 가정입니다.

하나님이 우리 가정의 주인 되심을 회복해야 합니다. 그래야 자녀를 향한 과한 욕심도, 서로를 소유하려는 마음도 내려놓을 수 있습니다. 저는 제가 믿음의 가장이라고 믿어왔지만, 실상은 하나님보다 제 욕심이 주인 노릇을 하고 있었다는 것을 뼈아프게 깨달았습니다.

이제 저는 다시 하나님께 그 자리를 내어드리기로 했습니다. 제 욕심을 내려놓자 놀라운 변화가 찾아왔습니다. 아내와의 관계가, 그리고 아이들과의 대화가 이전에 없던 온기를 되찾았습니다. 이 따스한 회복의 은혜가 저의 집뿐만 아니라, 오늘도 각자의 자리에서 가정을 지켜내는 모든 분의 삶 위에 가득하기를 조용히 소망합니다.

네 집 안방에 있는 네 아내는 결실한 포도나무 같으며 네 식탁에 둘러앉은 자식들은 어린 감람나무 같으리로다
여호와를 경외하는 자는 이같이 복을 얻으리로다

_시편 128:3-4, 개역개정

가장 먼저 사랑하고 회복해야 할 공동체는 무엇인가요?

멈춤이라는 이름의 은혜

성경에서 '시간'을 의미하는 단어는 두 가지가 있습니다. 하나는 1초, 2초 일정하게 흘러가는 물리적 시간인 '크로노스(Chronos)'이고, 다른 하나는 의미와 목적이 담긴 영적인 시간인 '카이로스(Kairos)'입니다. 우리는 흔히 "시간에 쫓긴다"는 말을 합니다. 누구에게나 하루 24시간은 동일하게 주어지지만, 마음의 여유를 잃어버리는 순간 크로노스의 시간은 우리를 사정없이 몰아세웁니다.

저 역시 사고가 나기 전까지는 '바쁘다'는 말을 입에 달고 살았습니다. 늘 무언가에 쫓기듯 살다 보니 정작 하나님과 마주 앉을 마음의 자리는 점점 좁아져만 갔습니다. 하지만 사고로 인해 제 모든 일상이 강제로 멈춰 섰을 때, 역설적으로 저는 하나님과 연결되는 '카이로스의 시간'을 선물 받았습니다. 병실 침대 위에서 말씀을 읽고 하나님과 깊은 대화를 나누기 시작하자, 메말랐던 제 영혼에 다시 온기가 돌기 시작했습니다.

그전까지 저는 바쁘다는 핑계로 주위를 돌아보지 못했습니다. 그렇게 정신없이 앞만 보고 달려야 남들보다 뒤처지지 않을 거라 믿었습니다. 하지만 사고라는 커다란 장애물 앞에 멈춰 서서 주위를 둘러보니, 비로소 저를 위해 지금도 눈물로 기도해 주시는 수많은 얼굴이 보였습니다. 멈춤을 통해 얻은 마음의 여유는 저를 뒤처지게 만든 것이 아니라, 오히려 제 삶을 더 풍요롭게 채워주고 있었습니다.

영화 <어바웃 타임>에는 시간을 되돌릴 수 있는 능력을 가진 주인공 팀이 등장합니다. 그는 하루를 후회 없이 사는 법을 고민하다가 아버지로부터 "똑같은 하루를 두 번 살아 보라"는 조언을 듣습니다. 처음 살 때는 정신없이 바쁘게 지나쳤던 순간들을, 두 번째 살 때는 여유로운 마음으로 주위를 둘러보며 만끽하게 되지요. 우리는 영화처럼 시간을 돌릴 수는 없지만, 하나님과 만나는 카이로스의 시간을 회복한다면 우리에게 주어진 하루를 마치 두 번 사는 사람처럼 충만하게 누릴 수 있습니다.

여러분은 오늘 어떤 마음으로 하루를 살고 계시는지요. 예전의 저처럼 무언가에 쫓기며 일상에 숨겨진 은혜를 놓치고 있지는 않나요? 염려라는 말은 어쩌면 '교만'의 다른 이름일지도 모릅니다. 아직 일어나지도 않은 미래의 걱정을 현재로 끌고 들어와 고민하는 것은, 우리를 돌보시는 하나님을 온전히 신뢰하지 못하는 마음에서 비롯되기 때문입니다.

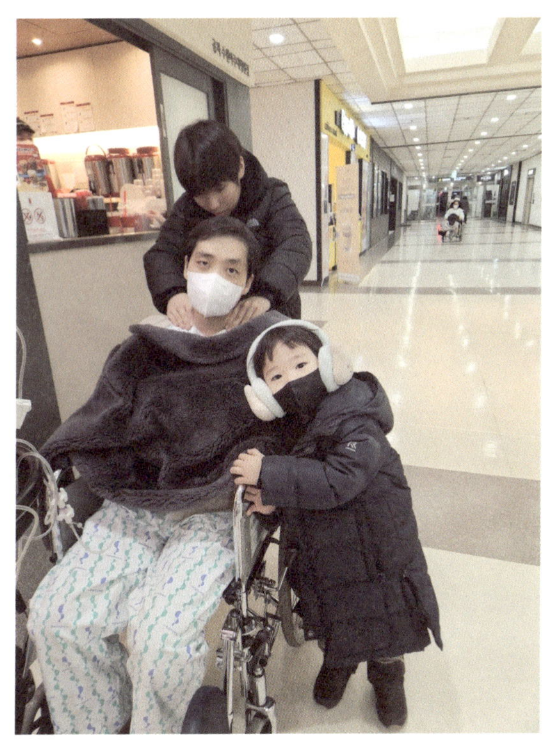

우리의 미래를 하나님께 온전히 내어 맡겨야 합니다. 주어진 오늘을
감사하며, 무엇보다 하나님과 독대하는 말씀과 기도의 시간만큼은 절
대로 세상에 양보해서는 안 됩니다.

요즘 도로 신호 체계는 예전과 조금 다르다고 합니다. 예전에는 교차
로마다 초록불이 연달아 켜지게 해서 계속 달리게 했다면, 요즘은 중

간중간 빨간불을 배치해 차들을 멈춰 세웁니다. 과속을 방지하여 사고를 막기 위함이지요. 우리의 인생도 마찬가지입니다. 멈춤 없이 달리기만 하면 결국 과속하게 되고, 삶의 궤도를 이탈하는 큰 사고를 당하기 쉽습니다.

가끔은 멈춰 서야 합니다. 멈춰야 비로소 보이는 것들이 있습니다. 나를 위해 기도해 주는 사람들, 내가 손 내밀어야 할 사람들, 그리고 일상 곳곳에 숨겨진 감사의 제목들…. 미래에 대한 걱정 때문에 오늘이라는 선물 속에 담긴 소중함을 잃어버리지 않기를 소망합니다.

그러므로 내일 일을 걱정하지 말아라. 내일 걱정은 내일이 맡아서 할 것이다. 한 날의 괴로움은 그 날에 겪는 것으로 족하다.
_마태복음 6:34, 새번역

바쁜 일상 가운데 멈춤 없이 하루를 살아가고 있나요?

우연이라는 가면을 쓴 기적

_이사야 43:21, 개역개정

하나님께서는 우리를 지으신 목적을 분명히 말씀하십니다. 그리고 그 목적을 이뤄가기 위해 때로 우리를 누군가의 곁으로 보내십니다. 저 역시 병원이라는 고립된 공간에서, 한 영혼의 구원을 위해 제가 어떻게 사용되는지를 아주 특별한 방식으로 경험했습니다.

두 번의 수술을 마치고 중환자실에서 일반 병실로 올라온 지 일주일째 되던 날이었습니다. 조금씩 배가 부풀어 오르기 시작했습니다. 급히 찍은 CT 결과를 들고 교수님이 달려오셨습니다.

"환자분, 지금 당장 수술해야 합니다. 소장을 봉합한 부위가 터졌어요. 배 안에 변과 가스가 차서 복막염이 진행 중입니다. 장기들이 심하게 유착되어 있어 하나하나 떼어내야 해요. 이 정도면 엄청나게 아팠을 텐데, 괜찮으셨나요?”

살살 아프긴 했지만, 뱃속이 그 지경이 된 줄은 꿈에도 몰랐습니다. 그렇게 저는 세 번째 수술대에 올랐습니다. 수술은 무사히 끝났지만 상태가 엄중해 다시 중환자실로 옮겨졌습니다. 그곳에서 보낸 이틀날 오후, 제 옆으로 한 환자가 들어왔습니다. 얼마 지나지 않아 의료진들이 긴박하게 움직였고, 상황이 점점 좋지 않게 흘러가는 것처럼 보였습니다. 그때 저를 담당해주시는 간호사분이 제게 오셔서 귀마개를 건네주셨습니다.

“이걸 왜 주시는 거예요?”
“아까 나오신 환자 분 있잖아요. 조금 전에 사망하셨어요. 좀 있으면 가족분들 오실 거에요. 그래서 귀마개를 드리는 거예요.”

수술을 마치고 회복실을 거쳐 중환자실로 오셨는데 갑자기 심정지가 와서 돌아가시게 된 것이었습니다. 가족들이 하나 둘 씩 들어오면서 오열하기 시작하였습니다. 그것을 보며 마음이 무너져내렸습니다.

밤 12시가 가까워질 무렵, 간호사님이 제 침대를 유리 벽이 있는 조용한 방으로 옮겨주셨습니다. 곧 수술을 마치고 들어올 환자가 있어 시끄러울까 봐 배려해주신 것이었습니다. 잠시 후 들어온 환자 주위로 다시 의료진과 가족들이 분주하게 모여들었습니다.

“저 환자는 어떤 분인가요?”

“열여섯 살 학생이에요. 엄마랑 고속도로를 달리다 사고가 났는데, 엄마는 무사하지만 아들이 크게 다쳤어요. 조금 전 돌아가신 분보다 상황이 훨씬 안 좋습니다. 저희도 지금 최악의 상황을 대비하고 있어요.”

그 말을 듣는 순간, 가슴에 무거운 돌덩이가 얹힌 것 같았습니다. 저와는 정반대의 상황이었습니다. 저는 아들과 달리다 제가 다쳤는데, 저 아이는 엄마 대신 다친 것이었습니다. 제 아들도 아닌데 마음이 갈기갈기 찢어지는 듯했습니다. 마음속에서 “기도하라”는 강렬한 외침이 들려왔습니다. 저는 이를 악물고 간절히 부르짖었습니다.

‘하나님, 저 어린 영혼을 살려주세요. 하나님께서 꼭 제 기도를 들어주세요. 아까 돌아가신 분보다 상황이 더 안 좋다고 합니다. 하나님께서 기적을 베풀어 주셔야 해요. 하나님 도와주세요. 그리고 무엇보다 누구보다 마음이 무너져있을 저 친구의 어머니를 위해서 기도합니다. 저 친구의 어머니도 마음이 무너지지 않도록 평생 죄책감을 가지고 살지 않도록 마음을 지켜주시고 꼭 살려주세요. 예수님의 이름으로 기도합니다.’

이름도 모르는 친구였지만, 제 아들 같다는 생각에 뜬눈으로 밤을 지새우며 눈물로 기도했습니다. 이튿날 저는 다시 일반 병실로 옮겨졌습니다. 그런데 며칠 뒤, 아내가 놀라운 소식을 들고 왔습니다.

“여보, 여보, 저기 4호실에 우리랑 완전 정반대의 친구가 있어. 중3 친

구인데 저긴 엄마랑 차를 타고 고속도로를 가다 사고가 났는데 엄마
는 안 다치고 아들이 다쳤다는 거야. 그 엄마랑 얘기 나누고 왔어.”
“정말? 진짜?”
“왜 이렇게 놀래? 아는 사람이야?”
“아니, 그게 아니라 나 중환자실에 있을 때 내 앞에 있었던 친구 같아
서 말야.”
“그래? 대박! 근데 그 친구 이름이 ○○래. 그런데 지금은 교회를 안 다
닌다는 거야.”

교회 다니지 않는 사람도 들으면 교회 다니는 사람이 지은 이름이라
고 한 번에 맞출 정도로 교회에서 지은 이름을 가진 친구였습니다. 그
런데 지금은 교회를 다니고 있지 않다는 것이었습니다.

'하나님 제 기도를 들어주셔서 감사해요. 특히 하나님의 백성이라는
이름을 가진 친구여서 더 감사해요. 그런데 지금 교회를 다니지 않고
있다고 해요. 다시 돌아올 수 있도록 도와주세요.'

아내는 늘 밝고 긍정적인 에너지를 가지고 있어 처음 보는 사람과도
대화를 잘 나눕니다. 그래서 병실에서 지내는 몇 달 동안 교수님, 간호
사, 간병인, 다른 환자 보호자, 청소해주시는 여사님, 보조원 할 거 없
이 다들 두루두루 친해졌습니다. 그래서 ○○이 엄마도 알게 됐고 사
정을 듣게 됐던 것입니다. 아내를 통해 아이의 어머니를 만나게 되었
을 때, 저는 그날 밤의 이야기를 들려드렸습니다.

"어머니, 사실 제가 중환자실에서 OO 옆에만 있었던 것이 아니에요. 아드님이 수술하고 중환자실에 들어온 날 몇 시간 전에 어떤 분이 돌아가시는 것을 보게 되었어요. 그런데 간호사께서 말씀하시길 돌아가신 분보다 아드님의 상태가 더 안 좋다고 하셨어요. 그리고 저희와는 정반대의 상황이어서 너무 마음이 아팠어요. 정말 강하게 기도해야겠다는 마음이 들어서 간절히 기도했어요. 그 때는 이름도 몰랐기 때문에 저 어린 영혼 살려달라고…. 하나님께서 제 기도 들어달라고 정말 간절히 기도했어요. 그리고 어머니를 위해서도 기도했어요. 저 친구가 어떻게 되던지 저 친구의 어머니는 평생 죄책감에 살아갈 텐데 그 마음 지켜달라고…. 마음에 죄책감이 사라지게 해달라고 간절히 기도했어요."

"……."

어머니는 제 얘기를 들으시면서 아무 말 없이 그냥 울기만 했습니다.

"목사님, 정말 감사합니다…. 진심으로 감사드려요."

저는 힘주어 말했습니다.

"어머니, OO이를 살리신 분은 하나님이세요. 이제 OO이가 회복되면 꼭 다시 함께 신앙생활을 시작하셨으면 좋겠습니다."

아이에게도 당부했습니다.

"○○아, 너를 살리신 것은 하나님이야. 너도 이름이 하나님의 백성이 잖아. 하나님의 백성이 하나님과 멀어지면 되겠어? 몸 괜찮아져서 퇴 원하면 꼭 다시 신앙생활하자. 알겠지?"

"알겠습니다…."

누군가는 이 만남을 우연이라고 말할지 모릅니다. 하지만 인생이라는 영화를 연출하시는 분이 하나님이라면, 저는 그 친구와 어머니를 위 해 제가 그 고통스러운 세 번째 수술을 거쳐 그 자리에 가게 된 것이 라 확신합니다.

우리 삶에 절대적인 우연은 없습니다. 제가 교통사고를 당하지 않았 다면, 복막염이라는 고난이 겹치지 않았다면 저는 결코 그 영혼들을 만나지 못했을 것입니다. 하나님께서는 저의 아픔을 통로 삼아 한 영 혼을 살리려는 계획을 실천하신 것입니다.

지금 여러분의 마음을 강하게 움직이는 무언가가 있습니까? '내 뜻이 아니겠지'라며 회피하지 마십시오. 그것이 사람을 통해 일하시는 하 나님의 간절한 의지일 수도 있습니다. 그 마음에 순종하며 무릎 꿇을 때, 우리는 우리 삶을 통해 일어나는 하나님의 놀라운 기적을 목격하 게 될 것입니다.

그것이 우리에게 주신 사명이고 비전일 것입니다. 우리는 하나님을 찬송하기 위해 지어진 존재이기에 하나님께서 강하게 주시는 마음이 라면 그것을 통해 하나님께서는 영광받기를 원하실 것입니다. 그 위대한 걸음에 기꺼이 동참하는 우리 모두가 되기를 간절히 소망합니다.

너는 내게 부르짖으라 내가 네게 응답하겠고 네가 알지 못하는 크고
은밀한 일을 네게 보이리라

_예레미야 33:3, 개역개정

묵상

살아가면서 하나님께서 강하게 마음을 움직이신 적이 있나요?

길 잃은 어린양을 포기하지 않는 마음

"여보, 우리 대각선 병상에 있는 청년 친구 있잖아. 얘기를 나눠보니 마음이 너무 아파."

아내가 전해준 그 청년의 사연은 가슴 한구석을 눅눅하게 만들었습니다. 가수가 꿈인 그 친구는 부모님의 극심한 반대 속에서도 홀로 돈을 벌며 꿈을 키워가고 있었습니다. 그러다 직장에서 발등 위로 무거운 물체가 떨어지는 사고를 당했습니다. 육체의 고통보다 더 아픈 건 부모님의 말 한마디였습니다.

"부모 반대하고 나갔으면 민폐라도 되지 말아야지."

든든한 후원자가 되어줘야 할 부모님에게서 받은 상처는 다리 수술과 피부 이식의 고통보다 깊었습니다. 간병인을 쓸 형편이 되지 않아 홀로 병동을 지키는 그 친구를 보며, 저희 부부는 식판을 대신 치워주는 작은 일부터 시작해 마음을 나누기 시작했습니다. 그 친구가 통합 간병 병동으로 자리를 옮기게 된 날, 저는 하나님이 주신 마음을 담아 서툴지만 진심 어린 손편지를 건넸습니다.

"OO야. 아내한테 대충 얘기는 들었는데…. 그냥 편지 써 주고 싶어서 썼어. 나중에 꼭 읽어봐. 내가 아빠 나이는 아니니까 아빠는 좀 그렇고…. 좋은 형은 되어 줄게. 그리고 내가 목사인데…. 너를 위해 기도해줘도 돼?"

"고마워요. 당연히 되죠."

"OO를 너무나 사랑하시는 우리 하나님, 비록 지금은 육체적인 아픔과 마음의 아픔이 우리 OO를 힘들게 하여도 우리 하나님께서 선한 길로 인도해주실 줄 믿습니다. 비록 지금은 예수님을 믿지 않고 있지만 특별히 마음에 하나님을 향한 사랑이 다시 회복되게 하시고, 하나님의 사랑이 다시 회복됨으로 마음의 상처와 아픔이 온전하게 치료될 수 있도록 도와주옵소서. 또한 사랑하는 아들이 이루도 싶은 꿈이 있습니다. 그 꿈을 이뤄가는 과정 속에 많은 어려움이 있더라도 포기하지 않고 걸어갈 수 있도록 힘을 주옵소서. 우리는 헤어지지만 다시 또 만날 때까지 성령님 우리를 꼭 지켜주옵소서. 예수님의 이름으로 기도합니다. 아멘…."

"아멘…."

"어? 아멘 할 줄 아네?"

"어렸을 때 교회 다녔어요…."

"그랬군. 그럼 건강해지고 퇴원하면 다시 신앙생활 꼭 하자. 알겠지?"

"노력해볼게요…."

그 친구는 제가 기도하는 내내 눈물을 흘렸습니다. 저도 그 친구의 마음이 전해져 같이 울었습니다. 그렇게 헤어지고 며칠이 지나서 아내와 그 친구가 입원해 있는 병동으로 가 보았습니다.

"형님! 누님!"
"그래. 잘 지냈어? 몸은 좀 어때?"
"조금씩 움직이며 재활하고 있어요. 형님은요?"
"나도 조금씩 좋아지고 있어."

MZ세대답게 저를 '형님'이라 부르며 반갑게 맞아준 그 친구와 시간 가는 줄 모르고 이야기를 나눴습니다. 하지만 제 마음속에는 꼭 전하고 싶은 한마디가 남아 있었습니다.

"OO야, 형은 사람 부담스럽게 하는 스타일 아니거든? 그런데 너한테는 꼭 이 말을 해야겠어. 네가 퇴원하고 서울에서 꿈을 펼치기 전에, 하나님을 다시 만나는 게 먼저인 것 같아. 나도 아버지를 일찍 여의고 방황하다 하나님을 만나고 삶이 바뀌었어. 너도 지금 혼자인 것 같고 의지할 곳이 없잖아. 그런 너에게 하나님은 '너는 혼자가 아니야'라고 말씀해주실 거야."

변덕스러운 사람의 마음은 건강해지면 금세 바뀌기 마련입니다. 그래서 저는 그가 가장 약해져 있는 지금, 진짜 힘이 되시는 하나님을 붙잡기를 바랐습니다. 제 진심이 통했는지 그 친구는 고개를 끄덕였고, 우리는 다시 한번 눈물로 기도했습니다.

몇 달의 시간이 흘러 우리 두 사람 모두 퇴원을 했습니다. 그 친구는 서울에 작은 방을 얻어 이사를 했고, 병원에서의 약속을 잊지 않고 어느 주일 아침 저희 교회를 찾아왔습니다. 환자복을 벗고 사복을 입은 모습이 어찌나 멋지던지요. 제가 설교 중에 종종 언급했던 터라, 성도님들도 마치 오래된 가족을 맞이하듯 따뜻하게 그를 반겨주셨습니다. 낯선 예배당에서 평안해 보이는 그 친구의 얼굴을 보며 저는 다시 기도했습니다.

'하나님, 이제 시작하는 이 친구의 믿음이 한 걸음씩 성장하게 해주세요. 세상이 채워주지 못한 빈자리를 주님의 사랑으로 가득 채워주세요.'

아흔아홉 마리의 양을 두고 길 잃은 한 마리를 찾아 나서는 목자의 심정을 이제야 조금 알 것 같습니다. 그 친구가 돌아온 것을 누구보다 하나님 아버지께서 가장 기뻐하셨을 것입니다.

인생을 살다 보면 깊은 동굴 속에 갇힌 것처럼 낙심될 때가 있습니다. 하지만 주위를 둘러보면 하나님께서 보내신 천사들이 분명 곁에 있습니다. 함께 울어주는 가족, 동료, 그리고 묵묵히 손을 내미는 공동체가 있습니다. 무엇보다 우리를 포기하지 않고 일으켜 세우시는 하나님의 손길이 있습니다. 사람을 통해 일하시는 하나님을 기억하며, 고난 중에도 다시 일어설 용기를 얻으시길 소망합니다.

너희 생각에는 어떠하냐 만일 어떤 사람이 양 백 마리가 있는데 그 중
의 하나가 길을 잃었으면 그 아흔아홉 마리를 산에 두고 가서 길 잃은
양을 찾지 않겠느냐
진실로 너희에게 이르노니 만일 찾으면 길을 잃지 아니한 아흔아홉 마
리보다 이것을 더 기뻐하리라
이와 같이 이 작은 자 중의 하나라도 잃는 것은 하늘에 계신 너희 아
버지의 뜻이 아니니라

_마태복음 18:12-14, 개역개정

주위의 사람(가족, 동료)을 통해 하나님의 위로를 경험한 적이 있나요?

앞서지 않으니 새 집이 생겼어요

아주대학교 외상센터는 전국에서 바쁘기로 손꼽히는 곳입니다. 권역외상센터로 지정되어 매일 환자가 끊임없이 밀려듭니다. 보통 중증환자는 2주, 경증은 1주 정도 위급한 상황을 넘기면 다른 병원으로 전원을 시키는 것이 원칙입니다. 하지만 저는 워낙 상태가 위중했기에 두 달간 입원하며 사투를 벌여야 했습니다. 그 후로도 네 번의 입퇴원을 반복하며 수술대에 올랐습니다.

처음 퇴원하여 집에서 요양하던 중, 장모님께서 조심스레 집에 바퀴벌레가 너무 많다는 이야기를 하셨습니다. 사고 나기 두 달 전, 아내의 직장과 가까운 구축 아파트 1층으로 이사를 왔는데, 오래된 아파트이다 보니 바퀴벌레가 집 안에 자리를 잡고 있었던 모양입니다. 제가 평소 겁이 없는 편이지만 바퀴벌레만큼은 정말 싫어했습니다. 장모님의 말씀을 듣자마자 당장이라도 이사가고 싶은 마음이 굴뚝 같았습니다. 실제로 근처에 1층 매물이 있는지 찾아보기도 했습니다. 하지만 그때마다 제 마음을 붙드는 생각이 있었습니다.

'하나님보다 앞서지 않기로 했잖아.'

결국 저는 하나님께 무릎을 꿇었습니다. 누군가 들으면 바퀴벌레 때문에 기도한다는 것이 우스울 수도 있겠지만, 제게는 간절한 문제였습니다. 바퀴벌레를 혐오하는 제 마음을 누구보다 잘 아시는 하나님께서 길을 열어주시길 바랐습니다.

다시 병원에 들어가 두 번의 수술을 더 마치고 퇴원했을 때, 상황은 더 심각해졌습니다. 낮에 방에 누워 쉬고 있는데, 제 침대 옆으로 바퀴벌레가 유유히 기어오고 있는 것이었습니다. 정말 충격 그 자체였습니다.

"여보, 내 침대까지 바퀴벌레가 나왔어. 나 정말 이사가고 싶어."

속으로는 '주님, 저 정말 싫은데 어떻게 안 될까요?'라는 탄식이 절로 나왔습니다. 예전의 저였으면 당장 일을 벌여 이사부터 추진했을 것입니다. 하지만 이번엔 끝까지 기도하며 기다렸습니다. 우선 업체에 연락해 방역 관리라도 받아보자며 아내를 달랬습니다. 방문한 업체 사장님은 더 절망적인 진단을 내놓았습니다.

"사장님, 이 집은 바퀴벌레가 배관을 타고 들어오는 수준이 아니라 집 안에 아예 서식을 하고 있어요. 그래서 낮밤 가리지 않고 나오는 겁니다. 관리 안 받으시면 더 심해질 거예요. 보통 세입자면 집주인분이 비용을 대주시기도 하니까 한번 말씀해 보세요.”

착잡한 마음으로 집주인 사장님께 연락을 드렸습니다. 그런데 생각지도 못한 대화가 이어졌습니다.

“사장님 안녕하세요? 잘 지내셨죠?”
“목사님, 안녕하세요. 저는 잘 지내고 있습니다. 몸은 좀 어떠세요?”
“저는 많이 좋아졌습니다. 기도해주셔서 감사드려요. 드릴 말씀이 있어 연락 드렸습니다. 사실 집에 바퀴벌레가 너무 많아서 관리 업체에 문의해서 점검을 받았거든요. 그런데 집에 바퀴벌레가 서식을 하고 있어서 무조건 관리를 받아야 한다고 하더라고요. 그런데 초기비용이 많이 들어가서 연락을 드렸습니다.”
“목사님, 몸도 안 좋으신데 불편하셨겠어요. 관리 받으시고요. 비용은 청구해 주시면 제가 해결하겠습니다. 그리고 혹시 앞으로 어떻게 하실 건가요? 이사라든지 그런 부분이요.”
“사실 제가 바퀴벌레를 너무 싫어해서 이사는 가고 싶었지만 계약 기간도 남아 있고 하나님보다 앞서지 않기 위해 기도만 하고 있었습니다.”
“아, 그러세요. 계약 기간 남은 건 신경 쓰지 마시고 좋은 곳 있으면 언제든 말씀해 주세요. 중개 수수료나 다음 세입자 문제는 제가 다 처리해 드릴게요.”
“정말요? 감사합니다. 사장님, 연락드릴게요.”

보통은 상상하기 힘든 배려였습니다. 집주인분의 호의에 놀라움을 금치 못하며 그날 점심, 평소 알고 지내던 인근 축복교회 목사님과 식사 자리를 가졌습니다. 자연스럽게 이사 이야기가 나왔습니다.

"목사님, 제가 사는 아파트 아랫집이 매물로 나왔는데 리모델링을 싹 해서 정말 깨끗해요. 확장까지 해서 아주 넓고요."
"몇 층인데요?"
"그 집은 3층이예요."
"아…. 목사님도 아시다시피 저희는 1층으로만 가야해요. 아이들이 많아 쉽지 않아요."
"거기 필로티예요. 그래서 3층인데도 밑에 아무 것도 없어요."
"정말요? 그런데 저희는 지금 매매할 수 있는 상황은 아니에요."
"그 집 주인이 저희 교회 1층 상가 인테리어 가게 있죠? 거기 사장님이신데 집사님이세요. 저도 기도하고 연락드려 볼게요."

소름이 돋았습니다. 몇 시간 뒤, 그 집사님께서 지금 저희 집과 동일한 전세 조건으로 집을 주시겠다고 하셨습니다. 약속을 잡고 가본 집은 상상 이상이었습니다. 인테리어 사업을 하시는 집사님이 본인 실력을 고객들에게 보여주기 위해 최고급 자재로 꾸며놓은 모델하우스 같은 집이었습니다. 제가 조심스레 여쭤봤습니다.

"집사님, 저에게 이 집을 주시려는 특별한 이유가 있으신가요?"
"축복교회 목사님의 말씀을 듣고 기도했어요. 그런데 계속 목사님께 드려야 한다는 마음을 주셨어요. 당연히 인간적으로 생각하면 저한테

손해일 수 있지만 하나님께서 주시는 마음은 실수가 없으시니까요."

이 모든 일이 단 하루 만에 일어났습니다. 몇 주 후 저희는 이 멋진 집으로 이사를 했습니다. 이것은 하나님의 계획 아니고는 설명을 할 수 없는 일이었습니다. 하나님은 제 마음의 작은 신음까지 다 아시고, 저희 가정에 꼭 필요한 집을 미리 준비해 두셨던 것입니다. 하나님보다 앞서지 않고 먼저 기도했을 때 주어지는 하나님의 섭리였습니다. 작은 순종이 쌓일 때, 우리 삶은 한 치의 오차도 없이 인도함 받게 됨을 확신합니다.

너는 범사에 그를 인정하라 그리하면 네 길을 지도하시리라
_잠언 3:6, 개역개정

나는 작은 일에서도 하나님보다 앞서 결정하고 있지는 않은가요?

3부

인생의 빈자리와
하나님의 채우심

평범하고 싶었지만, 그렇지 못한 날들

제가 졸음운전으로 사고를 당했다는 소식에 많은 분이 말씀하셨습니다. "졸리면 잠시 쉬었다 가지 그랬냐"라고요. 맞는 말씀입니다. 하지만 그날의 저는 졸음의 전조 증상을 느낄 새도 없이 순식간에 깊은 잠에 빠져들었습니다. 그렇게 저항할 틈도 없이 잠에 취할 수밖에 없었던 이유를 설명하려면, 꽤 오랜 시간을 거슬러 올라가 제 어린 시절의 이야기부터 꺼내야 합니다.

일곱 살, 아버지는 교통사고로 세상을 떠나셨습니다. 그전까지는 남부러울 것 없는 평범한 가정이었지만, 아버지의 부재는 우리 집에서 '평범'이라는 단어를 앗아갔습니다. 당시 서른셋, 꽃다운 나이였던 어머니는 홀로 남매를 키우기 위해 당신의 친정이 있는 충남 보령으로 내려가셨습니다. 어머니는 생계를 위해 물불 가리지 않고 일하셨고, 저는 늘 텅 빈 집에서 혼자 시간을 보냈습니다. 제게 세상에서 가장 존경하는 분을 묻는다면 주저 없이 어머니라 답하겠지만, 아비 없는 자식

소리를 듣지 않게 하려고 밤낮없이 뛰어야 했던 어머니의 헌신은 역설적으로 제게 커다란 외로움의 그림자를 남겼습니다.

초등학교 4학년 무렵부터 저는 엇나가기 시작했습니다. 호기심에 담배를 배웠고, 친구들과 어울려 밤늦게까지 거리를 배회하는 날이 늘어갔습니다. 지금 생각하면 부끄러운 일도 참 많이 저질렀습니다. 어린 마음에도 외로움이 컸던지, 친구들에게 맛있는 것을 사주면 진짜 친구가 생기는 줄 알았습니다. 그래서 어머니 지갑에서 만 원을 훔쳤습니다. 돈을 쓰는 동안에는 아이들이 제 곁에 머물렀고, 저는 잠시나마 외롭지 않다고 착각했습니다. 돈이 떨어지면 친구들도 떠나갔고, 그러면 저는 더 큰 액수의 돈에 손을 대기 시작했습니다. 공허함을 채우기 위해 시작된 거짓말과 도둑질은 저를 점점 더 깊은 수렁으로 몰아넣었습니다.

학교에서도 아버지가 없다는 사실을 숨기고 싶어 "아빠는 미국 대학 교수님이야"라는 터무니없는 거짓말을 하곤 했습니다. 당시 학교에서 행해지던 가정환경 조사는 제게 큰 고역이었습니다.

"집에 아버지 없는 사람 손 들어."
"자기 집인 사람, 집에 차 있는 사람 손 들어."

지금은 상상하기 힘든 무례한 질문들이었지만, 저는 그때마다 악착같이 손을 들었습니다. 아버지의 빈자리가 주는 공허함, 자격지심, 피해의식은 제 자존감을 갉아먹었습니다. 겉으로는 누구보다 밝고 씩씩

한 척 행동했지만, 혼자 있는 어두운 방에서는 무릎을 껴안고 울며 외쳤습니다.

'왜 우리 집은 평범하지 않은 건가요? 왜 나만 아빠가 없는 건가요? 나도 다른 친구들처럼 평범하게 살 수는 없는 건가요?'

하지만 지금 돌아보니, 하나님께서는 제가 그분을 알기도 전부터 저를 주목하고 계셨습니다. 교회에 발을 들이기 전부터 교회에서 운영하는 선교원을 다니게 하셨고, 중학교 때는 미션스쿨로 인도하셨습니다. 매주 채플 시간에 불렀던 찬송가 가사들이 제 무의식 속에 신앙의 씨앗을 심어주었습니다.

교회도 안 다니던 중학생이 복음성가 경연대회에서 지휘를 맡아 1등을 했던 기억도 납니다. 그때 불렀던 곡이 <날마다 숨 쉬는 순간마다>였습니다.

날마다 숨 쉬는 순간마다 내 앞에 어려운 일 보네
주님 앞에 이 몸을 맡길 때 슬픔 없네 두려움 없네
주님의 그 자비로운 손길 항상 좋은 것 주시도다

이 가사처럼 우리의 삶은 매 순간 어려운 일과 마주합니다. 하지만 하나님의 자비로운 손길은 우리가 깨닫지 못하는 순간에도 항상 가장 좋은 것을 예비하고 계십니다. 외로움과 공허함이 저를 지배하던 그 시절에도, 주님은 저를 당신의 자녀로 삼으시려고 쉼 없이 말씀과 찬양 곁으로 저를 이끄셨습니다.

혹시 여러분도 무언가 채워지지 않는 공허함에 사로잡혀 계시는지요? 교회는 다니지만 여전히 마음 한구석이 텅 빈 것처럼 느껴지지는 않나요? 잠시 멈춰 서서 지나온 삶의 궤적을 되짚어 보시길 권합니다. 대수롭지 않게 넘겼던 우연들이 사실은 세밀한 주님의 손길이었음을 발견하게 될 것입니다. 하나님은 고아의 아버지이시며 우리의 '아빠'가 되십니다. 그 크고 작은 순간들을 되돌아보며, 텅 빈 마음의 자리를 세상의 것이 아닌 예수님의 사랑으로 다시 채울 수 있기를 소망합니다.

그의 거룩한 처소에 계신 하나님은 고아의 아버지시며 과부의 재판장이시라

_시편 68:5, 개역개정

내 마음의 가장 큰 빈자리는 무엇인가요?

그날 이후, 외로움이 자취를 감췄습니다

어린 시절부터 제 마음을 지배해온 정서는 늘 '외로움'이었습니다. 그 지독한 쓸쓸함에 변화가 생긴 건 고등학교 1학년, 10월의 마지막 주 월요일이었습니다. 평소 그리 가깝지 않았던 한 친구가 뜬금없이 다가와 말을 걸었습니다.

"원석아, 나랑 교회 갈 생각 없냐?"

당시 저는 이른바 '잘 노는' 무리에 속해 있었고, 그 친구는 그와 정반대인 조용한 친구였습니다. 평소라면 거절했을 법도 한데, 제 입에서는 도무지 이해할 수 없는 대답이 튀어나왔습니다.

"그래, 언제 가면 되는데?"

오히려 제 대답에 당황한 건 친구 쪽이었습니다. 지금 생각해도 그때 왜 단번에 "그래"라고 했는지 도무지 설명이 되지 않습니다. 훗날 깨달은 것이지만, 그것은 친구의 물음도 제 대답도 아니었습니다. 깜깜한 방에서 혼자 울던 아이를 더는 두고 볼 수 없었던 하나님의 이끌림이었음을 저는 분명히 믿습니다.

마침내 토요일, 약속을 지키기 위해 자전거를 타고 친구가 다니는 교회를 찾았습니다. 그날이 제 인생의 큰 변곡점이 될 줄은 상상도 하지 못한 채….

그곳은 30평 남짓한 상가 건물의 작은 교회였습니다. 낡은 장의자에 어색하게 앉아 있는데, 뒤에서 누군가 다가와 말을 걸었습니다. 그 교회의 담임 전도사님이셨습니다. 처음 본 분이었지만, 그분에게선 이전에 단 한 번도 경험해보지 못한 생경한 따뜻함이 느껴졌습니다. 그저 그 다정한 공기 속에 계속 머물고 싶다는 생각 하나로 저는 교회를 다니기 시작했습니다.

그런데 출석한 지 불과 한 달 만인 12월, 황당한 일이 벌어졌습니다. 학생부 총회에서 제가 대뜸 '학생회장'으로 선출된 것입니다. 학생이라곤 열 명도 채 안 되는 개척교회였지만, 기도하는 법도 모르고 예수님이 누구신지도 모르는 새신자가 회장이 되었으니 지금 생각해도 실소가 터져 나옵니다.

하지만 돌이켜보면 이 모든 어설픈 시작조차 하나님의 세밀한 연출이었습니다. 하나님은 제가 어둠 속에서 내뱉은 작은 신음조차 놓치지 않으셨습니다. 혼자 앉아 울고 있던 저를 기억하셨고, 기억을 넘어 지독히 사랑하셨습니다. 그분은 저를 학생회장이라는 자리에 앉혀서라도 더 이상 외롭지 않게, 당신의 사랑 안에 묶어두고 싶으셨던 모양입니다.

살다 보면 세상에 나 혼자 덩그러니 남겨진 것 같은 기분이 들 때가 있습니다. 지독한 외로움이 파도처럼 밀려와 우리를 집어삼키려 할 때도 있지요. 하지만 잊지 마십시오. 우리가 가장 처절하게 혼자라고 느끼는 그 순간에도, 하나님은 우리를 똑똑히 바라보고 계십니다.

세상의 그 어떤 피조물보다 우리를 귀하게 여기시는 하나님이 곁에 계시기에, 우리는 더 이상 외로움에 무릎 꿇을 필요가 없습니다. 저를 찾아오셨던 그 따뜻한 온기가, 지금 외로움과 싸우는 당신의 마음에도 조용히 내려앉기를 소망합니다.

공중의 새를 보라 심지도 않고 거두지도 않고 창고에 모아들이지도 아니하되 너희 하늘 아버지께서 기르시나니 너희는 이것들보다 귀하지 아니하냐

_마태복음 6:26, 개역개정

내가 겪은 외로움과 결핍도 하나님께서 사용하신 적이 있나요?

자전거 뒷자리에서 시작된 첫사랑

모태신앙이 아닌 저 같은 사람들은 처음부터 대단한 믿음으로 교회를 다니지 않습니다. 대개는 친구가 좋아서, 혹은 그곳의 따뜻한 분위기가 좋아서 발걸음을 옮깁니다. 저 역시 외롭던 사춘기 시절, 그 공허함을 달래줄 누군가가 그리워 교회를 다녔습니다. 그렇게 한 달, 두 달 사람의 온기를 쫓아 다니던 제게 하나님은 생각지도 못한 더 큰 선물을 준비하고 계셨습니다.

어느 금요일 오후, 집으로 향하던 길에 우연히 같은 교회 집사님을 만났습니다.

"집사님, 안녕하세요!"
"어머, 원석아. 집으로 가는 거니?"
"네. 집사님은 어디 가세요?"
"응, 나는 지금 교회 가는 길이야."

교회까지 먼 거리는 아니었지만, 저는 집사님을 제 신사용 자전거 뒷
자리에 태워 드렸습니다. 페달을 밟으며 교회 앞마당에 도착했을 때,
집사님이 제안하셨습니다.

"원석아, 오늘 금요철야예배가 있는데 너도 드리고 가는 건 어떠니?
뜨겁게 기도하는 시간인데 아마 큰 힘이 될 거야."

친구의 권유를 거절하지 못해 교회를 처음 나갔던 것처럼, 그날도 저
는 집사님의 제안에 홀린 듯 대답했습니다.

"아… 그럴까요?"

그렇게 우연히 참석한 금요철야예배에서 하나님께서는 저를 위해 큰
은혜를 준비해놓으셨습니다. 아무것도 모르는 제가 그 예배에서 방언
을 받은 것입니다. 방언이 무엇인지도 모르던 저에게 말로 설명할 수
없는 뜨거운 언어가 터져 나왔고, 그와 동시에 지난날의 기억들이 파
노라마처럼 스쳐 지나갔습니다. 초등학생 때 어머니 지갑에 손을 댔
던 일부터 중학생 시절 저질렀던 크고 작은 잘못들까지, 마음 깊은 곳
에 숨겨두었던 어둠이 낱낱이 드러났습니다. 저는 그날 밤, 콧물 눈물
범벅이 된 채 한 시간이 넘도록 회개의 기도를 쏟아냈습니다.

기도를 마치고 일어났을 때, 제 마음을 가득 채운 것은 형언할 수 없
는 '따뜻함'이었습니다. 그것은 단순히 사람에게서 느끼던 온기와는
결이 달랐습니다. 그 수많은 죄를 지은 나를 대신해 예수님이 십자가

에 달리셨다는 사실이 머리가 아닌 가슴으로 믿어지며 밀려오는 경이로운 사랑이었습니다.

그날 이후로 모든 것이 달라졌습니다. 예배의 공기가 달라졌고, 목사님이 선포하시는 말씀이 마치 저 한 사람을 위해 예비된 편지처럼 들렸습니다. 사람들과 어울리는 게 좋아 다니던 교회였는데, 이제는 예수님의 사랑에 매여 천국에 대한 확신을 가지고 제 발로 교회를 향하게 되었습니다.

여러분에게도 주님을 뜨겁게 만났던 그 '첫사랑'의 기억이 있으신지요? 회개의 눈물이 터져 나와 한없이 울며 "주님 한 분이면 충분합니다"라고 고백했던 그 순간 말입니다. 혹시 그런 감격을 잊고 살아가고 계시지는 않나요?

에베소 교회의 사자에게 편지하라 오른손에 있는 일곱 별을 붙잡고 일곱 금 촛대 사이를 거니시는 이가 이르시되
내가 네 행위와 수고와 네 인내를 알고 또 악한 자들을 용납하지 아니한 것과 자칭 사도라 하되 아닌 자들을 시험하여 그의 거짓된 것을 네가 드러낸 것과
또 네가 참고 내 이름을 위하여 견디고 게으르지 아니한 것을 아노라
그러나 너를 책망할 것이 있나니 너의 처음 사랑을 버렸느니라
그러므로 어디서 떨어졌는지를 생각하고 회개하여 처음 행위를 가지라 만일 그리하지 아니하고 회개하지 아니하면 내가 네게 가서 네 촛대를 그 자리에서 옮기리라

_요한계시록 2:1-5, 개역개정

지금 우리의 모습을 가만히 들여다봅시다. 교회에서, 직장에서, 그리고 가장 소중한 가정에서 나는 어떤 모습으로 서 있습니까? 혹시 누구보다 열심히 노력하고, 인내하며, 부지런한 삶을 살고 있지는 않나요? 그래서 주변 사람들에게 "참 성실하다", "믿음직하다"라는 인정을 받으며 살아가고 있을지도 모릅니다.

하지만 정작 그 열심과 인내의 한복판에 예수님을 향한 '첫사랑'이 빠져 있지는 않은지 점검해야 합니다. 요한계시록에서 주님은 에베소 교회를 향해 말씀하셨습니다. 그들의 수고와 인내, 게으르지 않은 열심을 주님도 잘 알고 계신다고요. 하지만 주님은 그 뒤에 무서운 경고를 덧붙이십니다. 바로 '처음 사랑'을 잊어버렸다는 책망입니다. 주님은 우리가 어디에서 그 사랑을 놓쳤는지 생각하고 돌이켜, 다시 그 처음 사랑을 회복하라고 명령하십니다.

우리가 교회나 삶의 자리에서 봉사하고 헌신할 때 가장 위험한 순간은 언제일까요? 바로 '첫사랑의 감격' 없이 하는 열심입니다. 주님을 향한 사랑이 결여된 최선은 결국 자기 의를 드러내고 교만의 싹을 틔우게 됩니다. 사랑이 빠진 자리에 보상 심리와 비교 의식이 들어차기 때문입니다.

우리, 다시 주님을 처음 만났던 그 뜨거운 감격을 회복합시다. 노력의 결과물에서 오는 만족이 아니라, 주님이 지금 나와 함께하고 계신다는 그 사실 자체로 기뻐합시다. 그럴 때 우리의 과정과 결과 모두는 비로소 주님의 향기로 가득 찰 것입니다. 처음 사랑의 회복을 통

해, 여러분의 모든 수고가 주님과 동행하는 행복한 여정이 되기를 소
망합니다.

_고린도전서 15:58, 개역개정

묵상

예수님이 내 짐을 대신 져 주셨다는 은혜를 경험한 적이 있나요?

예배, 영혼의 강을 건너는 징검다리

"예배를 드리는 것은 돌로 징검다리를 놓는 것과 같습니다. 돌을 촘촘하게 놓으면 강을 건너기 쉽겠지요? 하지만 돌이 드문드문 놓여 있다면 어떻겠습니까. 뛰다가 발을 헛디딜 수도 있고, 물에 빠질 위험도 큽니다. 예배를 생명처럼 소중히 여기십시오. 믿음의 돌을 촘촘히 놓아야 매 순간 하나님의 은혜를 딛고 안전하게 걸어갈 수 있습니다."

고향 교회 목사님의 이 설교는 제 가슴에 평생 잊히지 않는 문장으로 박혔습니다. 단순히 비유가 좋아서만은 아니었습니다. 제게는 이 '징검다리'에 얽힌 아찔한 기억이 있기 때문입니다.

초등학교 1학년 무렵, 동네 하천 둑길을 건너다 징검다리에서 발을 헛디디고 말았습니다. 작은 키로 무리하게 돌 사이를 뛰어넘으려다 중심을 잃었고, 그대로 둑의 바위에 머리를 세게 부딪쳤습니다. 피가 철철 흐르던 그날의 공포는 제 앞머리에 작고 동그란 흉터(땜통)로 남았습니다. 거울을 볼 때마다 그날의 기억이 떠오르기에, "촘촘하게 돌을 놓아야 한다"는 목사님의 말씀은 제게 생존의 문제처럼 절실하게 다가왔습니다. 그때부터 저는 '단 한 번의 예배가 내 인생을 바꿀 수 있다'는 절박한 믿음으로 예배의 자리를 지키려 노력했습니다.

우리의 예배는 어떻습니까? 혹시 매주 반복되는 일정에 지쳐 감동과 감격 없이 형식적으로 자리를 채우고 있지는 않나요? 우리가 오늘 드리는 이 예배가 우리 삶의 마지막 예배일지도 모릅니다. 예배를 통해 주님을 인격적으로 만나고 그분이 나와 함께하신다는 확신을 얻어야만, 우리는 비로소 '골리앗' 같은 세상으로 나가 당당히 승리할 수 있습니다.

사사기 6장에는 기드온이라는 인물이 등장합니다. 미디안의 압제 속에서 고통받던 이스라엘을 구원하기 위해 하나님은 기드온을 부르셨습니다. 하지만 기드온은 겁이 많았습니다. 자신의 집안은 가장 약하고, 자신은 그중에서도 가장 작은 자라고 고백하며 뒤로 물러섰지요. 그런 그에게 하나님은 분명한 약속을 주십니다.

여호와께서 그에게 이르시되 내가 반드시 너와 함께 하리니 네가 미디안 사람 치기를 한 사람을 치듯 하리라 하시니라
_사사기 6:16, 개역개정

당시 미디안 군대의 수는 메뚜기 떼처럼 많았고 낙타는 해변의 모래알 같았다고 성경은 기록합니다. 하지만 하나님이 함께하시니 그 거대한 군대를 '단 한 사람'처럼 보이게 하셨습니다. 하나님은 승리의 공

로를 인간이 가로채지 않도록 3만 2천 명의 군사를 단 300명으로 줄이셨습니다. 1퍼센트도 안 되는 수였지만, 하나님이 함께하시니 불가능은 없었습니다.

이것이 하나님의 방식입니다. 하나님은 능력이 많은 사람을 골라 쓰시는 것이 아니라, 하나님이 선택한 사람에게 능력을 부어 사용하십니다. 그렇기에 우리는 늘 하나님과 동행하기 위해 '예배'에 집중해야 합니다. 예배라는 영적인 징검다리가 촘촘히 놓여 있어야만, 삶의 현장에서도 흔들리지 않고 하나님의 사람으로 서 있을 수 있습니다.

혹시 지금 마음이 공허하고 외로운 분이 계시는지요? 세상에 지쳐 쓰러져 일어날 힘조차 없는 분이 계시나요? 그렇다면 다시 '예배'를 회복합시다. 예배를 통해 영적인 징검다리를 다시 놓기 시작하십시오. 상한 심령을 멸시하지 않으시는 주님께서, 예배를 통해 여러분의 삶을 온전하게 회복시키실 것입니다.

하나님께서 구하시는 제사는 상한 심령이라 하나님이여 상하고 통회하는 마음을 주께서 멸시하지 아니하시리이다
_시편 51:17, 개역개정

한 번의 예배가 우리를 변화시킬 수 있다는 강한 믿음이 우리 안에 있나요?

내 생애 가장 특별한 고백, "아빠"

교회를 다니고 예배를 통해 주님을 인격적으로 만나면서 제 삶에는 경이로운 변화가 찾아왔습니다. 그것은 바로 제게도 '아버지'가 생겼다는 사실입니다. 누군가는 새아버지가 생겼느냐고 물을지도 모르겠습니다. 하지만 제게 생긴 아버지는 호적상의 기록보다 훨씬 더 깊고 단단하게 제 존재를 지탱해 주시는 분들이었습니다.

가장 먼저 제게 '영적인 아버지'가 되어주신 고향 교회의 목사님을 소개하고 싶습니다. 서른 살 전도사님으로 처음 만나 지금까지, 목사님은 제 인생의 가장 큰 구멍이었던 아버지의 빈자리를 묵묵히 채워주셨습니다. 목사님은 단순히 스승과 제자의 관계를 넘어, 저를 진짜 아들처럼 대하셨습니다. 사랑으로 보살펴 주시다가도 제가 그릇된 길을 갈 때는 매를 들어서라도 엄히 가르치셨고, 훈계 뒤에는 늘 저를 꼭 안아주며 눈물로 기도해주셨습니다.

"나는 잘난 게 하나도 없어서, 예배에 목숨을 걸 수밖에 없어."

스물아홉에 죽겠다고 들어간 기도원에서 예수님을 만나 신학생이 된
고향교회 목사님, 졸업하자마자 연고도 없는 대천이라는 곳에 개척하
고 목회하시면서 늘 하셨던 말입니다. 세월이 흘러 제가 사역자가 되
고 나서야 그 진정한 의미를 깨달았습니다. 그것은 능력이 부족해서
하는 하소연이 아니라, 인생의 모든 문제에 대한 확실한 '정답'을 알고
계셨던 분의 확신이었습니다. 그 사랑이 너무 커서 저는 지금도 어버
이날이면 꽃을 들고 목사님을 찾아뵙습니다. 제가 오늘날 청소년들에
게 아낌없는 사랑을 전하려 노력하는 이유도, 바로 그 영적인 아버지
로부터 받은 사랑의 빚이 있기 때문일 것입니다.

그리고 또 한 분, 제 인생을 통째로 바꿔놓으신 '하나님 아버지'가 계
십니다. 예수님을 만난 후 제 입술에서 가장 많이 흘러나온 말은 "하
나님 아버지"였습니다. 누군가에게는 평범한 호칭일지 모르지만, 제

게는 기적과도 같은 단어입니다.

일곱 살 때 아버지를 여읜 후, 제 사전에서 아버지라는 단어는 사라졌습니다. 부를 대상이 없었기에 그 단어는 늘 아픔이었고, 그 빈자리가 부끄러워 "아빠는 미국 대학 교수님이야"라며 거짓말을 하기도 했습니다. 어머니의 지극한 사랑도 채워주지 못했던 그 근원적인 갈증은 제가 세상을 향해 엇나가는 이유가 되었습니다.

그런 저에게 아버지가 생겼습니다. 단순히 누군가를 대신하는 자리가 아니라, 이 세상을 창조하시고 주관하시는 창조주께서 "내가 너의 아버지가 되겠다"라고 말씀해 주신 것입니다. 아버지의 사랑을 단 한 번도 느껴보지 못했던 사춘기 소년의 뒤틀린 정체성이, 하나님과의 단 한 번의 만남으로 완벽하게 회복되었습니다. 그래서 저는 지금도 혼자 기도할 때는 격식을 차린 호칭 대신 "하나님 아빠"라고 부릅니다. 이 고백이 터져 나온 뒤로, 제 얼굴의 그늘이었던 '거짓 밝음'은 사라지고 구원의 감격이 주는 '진짜 밝음'이 차오르기 시작했습니다.

여러분에게도 하나님 아버지가 '나의 아빠'가 되어주신 경험이 있으신지요? 하나님께서는 그 아들의 영을 우리 마음 가운데 보내주셨습니다. 그래서 우리는 당당하게 하나님을 "아빠 아버지"라 부를 수 있는 존재가 되었습니다. 이것은 엄청난 특권이자 은혜입니다. 우리는 더 이상 죄의 종이 아니라, 하나님의 유업을 이을 고귀한 자녀입니다.

이제 우리는 세상 앞에서 기죽을 필요가 없습니다. 하나님 아버지를 믿고 자녀 된 권세를 가진 자답게, 당당하고 힘차게 오늘을 살아가기를 소망합니다.

너희가 아들이므로 하나님이 그 아들의 영을 우리 마음 가운데 보내사 아빠 아버지라 부르게 하셨느니라
그러므로 네가 이 후로는 종이 아니요 아들이니 아들이면 하나님으로 말미암아 유업을 받을 자니라

_갈라디아서 4:6-7, 개역개정

묵상

여러분에게도 신앙의 멘토가 있나요?

나의 길을 그가 아시나니

회복에 관해 조금 더 깊은 이야기를 나누고 싶습니다. 사실 처음 이 책을 집필하기 시작했을 때는 내가 겪은 은혜를 누군가에게 전해주고 싶다는 마음이 컸습니다. 그런데 한 자 한 자 과거를 기록하다 보니, 누구보다 제 자신이 먼저 첫사랑을 회복하고 소명의 열정이 다시 타오름을 느낍니다. 부족한 저를 기록의 도구로 사용하시는 하나님께 감사하며 오늘도 펜을 듭니다.

여러분에게는 인생을 바꾼 수련회의 기억이 있으신가요? 제가 교회를 다닌 지 9개월쯤 되었을 때의 일입니다. 보령의 한 섬마을 초등학교에서 중고등부 수련회가 열렸습니다. 20명 남짓한 아이들이 모여 찬양을 시작했습니다.

"나의 등 뒤에서 나를 도우시는 주, 나의 인생길에서 지치고 곤하여 매일처럼 주저 앉고 싶을 때 나를 밀어주시네. 일어나 걸어라 주가 새

힘을 주리니 일어나 너 걸어라 주 너를 도우리. 원석아 일어나라 주가 새 힘을 주리니 원석아 너 걸어라 주 너를 도우리.”

이렇게 찬양하고 기도를 하는데 놀라운 경험을 하게 되었습니다. 정말 몇 분 기도하지 않은거 같았는데 시간을 보니 약 5시간이 지나 자정이 다 되어 가고 있었습니다. 그곳에 모인 20명 정도 되는 중고청년들이 모두 동일한 경험을 하게 된 것입니다. 설교를 준비한 전도사님도 기도를 멈출 수 없었다고 말씀하셨습니다.

‘아 이것이 하나님의 은혜이구나.’

그때 느꼈습니다. 하나님의 이끄심은 사람의 생각을 뛰어 넘는다는 것을 말입니다. 그런 은혜들을 하나씩 채워나갈 때 말씀도 함께 꾸준히 읽었습니다. 공부하기 전에도 반드시 성경을 한 장 읽었습니다. 그러던 어느 날, 욥기 말씀을 읽다 머리를 무언가로 맞은 듯한 충격과 함께 눈물을 쏟고 말았습니다.

그러나 내가 가는 길을 그가 아시나니 그가 나를 단련하신 후에는 내가 순금 같이 되어 나오리라

_욥기 23:10, 개역개정

‘하나님이 나의 길을 다 아신다고? 아빠 없이 자라며 외로움에 떨던 그 밤들을, 숨기고 싶었던 그 아픈 순간들을 전부 알고 기억하고 계셨다고? 그것이 나를 단련하기 위한 훈련의 과정이었고, 내가 순금이

되어 하나님의 멋진 사람으로 거듭나게 하시기 위한 하나님의 계획
이었다고…?'

욥이 고통 중에 내뱉은 이 고백은 곧 제 마음의 고백이 되었습니다. 제
목이 '최원석'이라는 영화의 감독 되시는 주님께서, 결말을 아름답게
빚으시려고 저를 단련하고 계신다는 확신이 들었습니다. 의심이 확신
으로 바뀌자 더는 흔들리지 않았습니다. 말씀의 힘을 체험하고 나니
말씀을 더 읽고 묵상하고 암송하지 않을 수 없었습니다. 우리 인생을
지탱하는 '말씀'이 있느냐 없느냐는 이처럼 생존의 문제입니다.

_여호수아 3:3-4, 개역개정

구약의 이스라엘 백성들이 모세의 뒤를 이어 여호수아의 인도를 따
라 가나안으로 하는 마지막 여정을 할 때의 모습입니다. 항상 백성들
은 하나님의 언약궤를 멘 제사장들의 뒤를 쫓아 걸어갔습니다. 이것
은 우리에게 의미하는 바가 큽니다.

우리가 말씀의 궤를 눈앞에 두고 걸어갈 때, 하나님은 우리가 가 보지

못한 새로운 길을 보여 주십니다. 설령 그 길 앞에 요단강이 가로막고 있을지라도, 말씀을 쫓는 자들에게는 강물이 갈라지는 기적을 허락하십니다.

신앙생활에는 분명 굴곡이 있습니다. 하지만 그 간극을 좁혀 가는 것이 바로 '성숙'입니다. 두려움 앞에 떨고 있을 때 "두려워하지 말라 내가 너와 함께함이라"는 이사야의 말씀이 내 앞에 있다면 이길 힘이 생깁니다. 염려가 밀려올 때 "아무것도 염려하지 말고 다만 모든 일에 기도와 간구로 아뢰라"는 빌립보서의 말씀이 내 마음을 지키고 있다면 평강을 누릴 수 있습니다.

믿음은 멈춰 있는 것이 아닙니다. 자라나지 않으면 퇴보하거나 변질됩니다. 사도 바울이 데살로니가 교회 교인들의 믿음을 자랑했던 이유는 그들의 믿음이 환난 중에도 '자라났기' 때문입니다. 말씀을 가까이하십시오. 그 말씀이 우리를 변화시키고, 고난 가운데서도 넉넉히 이기게 하는 불기둥과 구름기둥이 될 것입니다.

복 있는 사람은 악인들의 꾀를 따르지 아니하며 죄인들의 길에 서지
아니하며 오만한 자들의 자리에 앉지 아니하고
오직 여호와의 율법을 즐거워하여 그의 율법을 주야로 묵상하는도다
_시편 1:1-2, 개역개정

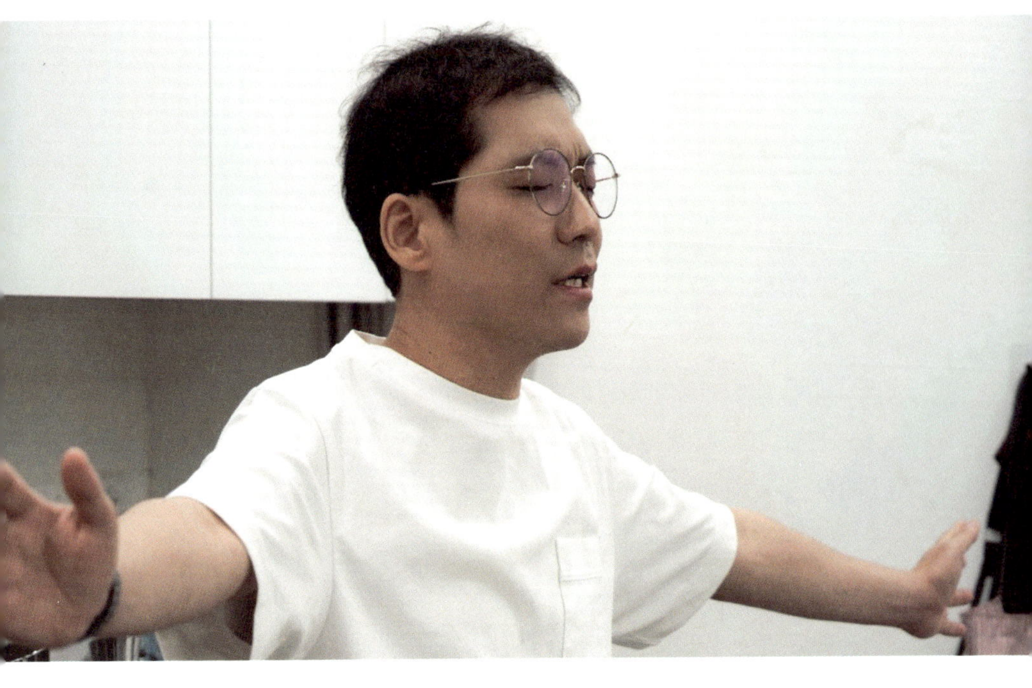

> **묵상**
>
> 넘어질 수밖에 없었던 상황 속에서 말씀으로 넉넉히 이긴 경험이 있나요?

무모하지만 정직했던 선택의 기로

하나님의 은혜가 넘치자 환경은 그대로였지만 제 삶의 풍경은 완전히 달라졌습니다. 늘 행복할 줄만 알았고, 늘 웃을 일만 가득할 줄 알았습니다. 하지만 믿음의 길에도 예외 없이 폭풍우가 찾아왔습니다. 바로 제가 가장 존경하고 사랑하는 어머니와의 갈등이었습니다. 과거에 담배를 피우거나 돈을 훔치다 걸렸을 때의 갈등은 '훈육'이었지만, 신앙생활로 인한 부딪침은 차원이 다른 '영적 전쟁'과도 같았습니다.

고등학교 시절, 저는 마음속으로 이렇게 기도하곤 했습니다.

"하나님, 두 마리 토끼는 다 잡을 수 없잖아요. 저는 하나님을 선택할게요. 대신 우리 가정을 꼭 믿음의 가정으로 만들어주세요."

지금 돌이켜보면 참 무모하고 투박한 기도였지만, 당시의 저에게는 하나님이 그만큼 좋았습니다. 집은 늘 외로웠지만 교회는 평안했기에, 저는 주저 없이 하나님 쪽으로 마음의 저울을 기울였습니다. 하지만 그 선택의 대가는 생각보다 혹독했습니다.

결정적인 사건은 고3 수능을 100일 앞둔 여름방학에 터졌습니다. 학교 자율학습 중이었지만 저는 수련회에 가고 싶은 마음을 누르지 못하고 몰래 학교를 빠져나와 교회로 도망쳤습니다. 그런데 하필 그날, 반장과 부반장 학부모님들이 수능 D-100일 응원을 위해 치킨과 피자를 들고 학교를 방문하신 겁니다. 아들을 먹이려 들뜬 마음으로 오셨던 어머니는 텅 빈 제 자리를 보고 그야말로 '뚜껑'이 열리고 마셨습니다.

어머니는 곧장 교회로 달려오셨습니다.

"목사 나와! 목사 어디 있어!"

당황한 목사님께 어머니는 서슬 퍼런 외침을 던지셨습니다.

"이제 저 자식은 내 새끼 아니니까 호적 파가든 말든 알아서 하쇼! 한 번만 더 내 눈에 띄게 하면 여길 다 불질러 버릴 테니까!"

폭풍이 지나간 뒤, 저는 목사님의 권유로 무거운 발걸음을 옮겨 집으로 향했습니다. 자전거로 5분이면 가는 길이 그날따라 왜 그리도 멀고 두렵던지요. 남편과 일찍 사별하고 오직 아들 하나만 바라보고 살아오신 어머니의 배신감을 생각하니 마음이 미어졌습니다. 떨리는 마음

으로 안방 문을 열었을 때, 어머니는 제 앞에 칼 한 자루를 내려놓으며
충격적인 말씀을 하셨습니다.

"우리 같이 죽자. 더이상 살 의미가 없다."
"네? 뭐라고요? 엄마, 왜 그래."
"살아서 뭐하니? 죽는게 낫지?"
"…."

겁에 질린 저는 어머니를 달래기 위해 울며 약속했습니다.

"엄마, 미안해. 엄마가 그렇게 싫으면 나 이제 교회 안 갈게. 그러니까
제발 화 풀어."

그런데 그다음 순간, 도무지 믿기지 않는 대답이 돌아왔습니다.

"너는 믿음이 고작 그거밖에 안 되니? 엄마가 죽자고 한다고 단번에
교회 안 간다는 말이 나오냐?"
"어…? 뭐라고…?"
"너는 믿음이 그 정도밖에 안되냐고."
"그건 아니지. 그…그럼 주일만 교회 나갈게."

개그 프로그램의 한 장면 같지만, 100퍼센트 실화입니다. 어머니는 아
들이 교회를 다니며 방황을 멈추고 바른길로 가는 것을 내심 다행으
로 여기고 계셨던 겁니다. 교회 다니기 전까지는 맨날 늦게 들어오면

어디에 있는지도 모르지, 속은 늘 썩이지, 어머니 입장에서는 걱정뿐이었는데, 교회를 다니고 신앙생활 한 후부터는 늦게 들어와도, 안 들어와도 어디에 있는지 아셔서 안심 되었던 것입니다. 그런데 제가 교회를 안 간다고 하니 다시 예전처럼 말썽부리고 늦게 들어오고 그럴까봐 하신 소리였던 것입니다. 다만 고3 아들이 공부는 뒷전이고 교회에만 빠져 있는 모습에 서운함이 폭발했을 뿐, 정작 아들의 믿음이 흔들리는 것은 원치 않으셨던 어머니의 복잡한 진심이었습니다.

지금 돌이켜 집을 버리고 하나님을 선택하겠다고 기도한 어린 시절의 저를 생각해보면 무모해 보이기까지 합니다.

'너는 집도 포기할 정도로 하나님이 그렇게도 좋았니?'

제 자신에게 그렇게 무모하게 기도할 정도로 하나님이 좋았냐고 물어봤습니다. 제 대답은 '그렇다'는 것입니다. 저는 제 미래도, 환경도, 우리 가정도 오직 하나님만이 책임지실 것을 의심 없이 믿었습니다. 계산기 두드리지 않는 그 온전한 신뢰가 하나님의 마음을 움직인다고 믿습니다.

인생의 선택의 기로에서 여러분은 어떤 결정을 내리십니까? 현실을 따져보는 합리적인 판단입니까, 아니면 오직 하나님 한 분만을 바라보는 무모한 신뢰입니까? 세상의 눈에는 무모해 보일지라도, 하나님은 당신을 신뢰하는 자녀를 결코 부끄럽게 하지 않으십니다.

그리 아니하실지라도 금신상에게 절하지 않았던 사드락과 메삭, 아벳느고의 담대함이 우리의 것이 되기를 소망합니다. 우리가 하나님을 선택할 때, 하나님은 우리의 모든 삶을 책임지고 선한 길로 인도하실 것입니다.

왕이여 우리가 섬기는 하나님이 계시다면 우리를 맹렬히 타는 풀무불 가운데에서 능히 건져내시겠고 왕의 손에서도 건져내시리이다 그렇게 하지 아니하실지라도 왕이여 우리가 왕의 신들을 섬기지도 아니하고 왕이 세우신 금 신상에게 절하지도 아니할 줄을 아옵소서
_다니엘 3:17-18, 개역개정

인생을 살아가다 선택의 기로에 섰을 때 믿음의 사람으로 어떠한 선택을 하였나요?

PHOTO
SE
LF
BOOTH
pic dot.

4부

회복하신 은혜 그리고 비전

11시 5분,
7년의 기도가 문을 열다

저희 어머니는 참으로 고된 생을 지나오셨습니다. 이 땅의 모든 부모가 자녀를 위해 헌신하지만, 어머니는 홀로 아버지의 역할까지 감당하며 두 배의 짐을 짊어지셔야 했습니다. 그런 어머니를 보며 늘 제 마음 한구석에 무거운 숙제처럼 남아있던 소망이 있었습니다. 바로 어머니가 하나님을 만나는 것이었습니다. 제 기도 노트 맨 윗줄에는 항상 '어머니의 구원'이 적혀 있었지만, 7년이라는 시간 동안 전도의 문은 쉽게 열리지 않았습니다.

군 제대 후 얼마 지나지 않았을 무렵, 어머니가 큰 수술을 받게 되셨습니다. 가뜩이나 집안의 여러 문제로 힘겨워하시던 차에 건강까지 무너지자 어머니는 급격히 삶의 의욕을 잃으셨습니다. 술에 의지해 하루를 버티며 "죽고 싶다"는 말을 내뱉는 어머니를 곁에서 지켜보는 것은 제 가슴이 갈기갈기 찢어지는 고통이었습니다. 그때, 사순절 기간을 지나던 제 마음에 하나님의 강한 울림이 전해졌습니다.

'원석아, 바로 지금이다.'

그전까지 저는 어머니께 교회 자랑이나 목사님 자랑만 늘어놓았지, 정작 예수님이 누구신지는 전하지 못했습니다. 제 과거를 누구보다 잘 아는 어머니였기에, 복음을 전했다가 혹여나 "너나 잘해라"라는 핀잔을 들을까 봐 두려웠기 때문입니다. 하지만 이번에는 달랐습니다. 저는 3일간 금식하며 기도했고, 떨리는 마음으로 어머니의 손을 잡았습니다.

"엄마, 집안 문제에 수술까지 겹쳐서 정말 힘들지? 죽고 싶을 만큼 괴롭다는 거 알아. 내가 엄마 마음을 다 헤아릴 순 없지만, 엄마를 바라보시는 예수님 마음은 더 아프실 거야. 주님은 엄마가 돌아오길 간절히 기다리고 계셔. 엄마, 이제 우리 같이 교회 가자. 하나님이 엄마 마음 다 위로해주실 거야."

생전 처음으로 어머니께 '예수님'이라는 이름을 정면으로 전했습니다. 제 허물을 아는 어머니 앞에서 오직 복음만 붙잡고 내뱉은 진심이었습니다. 그리고 한 달도 채 되지 않아 기적 같은 일이 일어났습니다. 어머니가 교회를 나가겠다고 약속하신 것입니다.

드디어 약속한 주일 아침, 저는 성가대와 주일학교 봉사 때문에 어머니께 신신당부하고 일찍 집을 나섰습니다. 하지만 성가대 자리에 앉아서도 제 눈은 자꾸만 예배당 뒷문으로 향했습니다. 10시 59분, 11시 정각, 그리고 11시 3분⋯. 시간이 흐를수록 제 마음은 초조해졌습니다.

그런데 11시 5분이 되었을 때, 마침내 예배당 문이 천천히 열리며 어머니가 들어오셨습니다. 그 순간, 지난 7년의 세월이 스쳐 지나가며 눈물이 왈칵 쏟아졌습니다. 예배가 끝난 후 저는 어머니를 꼭 안아드렸습니다.

"엄마, 이제 우리 집에 좋은 일만 있을 거야. 지난 아픔은 다 잊고 감사하며 살자."

그날 저는 분명히 깨달았습니다. 전도는 화려한 말솜씨나 환경의 자랑이 아니라, 오직 예수님만을 자랑하는 일이라는 것을요. 특히 가족 구원은 나의 모습이 드러날까 두려워 복음을 주저하게 되지만, 그럴 때일수록 우리 죄를 대속하신 예수님의 사랑을 온전히 전해야 한다는 사실을 배웠습니다. 죽어가는 영혼에게 필요한 것은 오직 생명의 복음뿐이기 때문입니다. 하나님의 때는 반드시 옵니다. 우리가 포기하지 않고 예수님을 선포할 때, 주님은 가장 완벽한 순간에 구원의 열매를 맺게 하십니다.

그대는 말씀을 선포하십시오. 기회가 좋든지 나쁘든지, 꾸준하게 힘쓰십시오. 끝까지 참고 가르치면서, 책망하고 경계하고 권면하십시오.

_디모데후서 4:2, 새번역

사랑하는 가족을 전도했을 때의 기쁨을 경험해 보셨나요?

내 꿈보다 크신 하나님의 설계도

예수님을 만나고 나니 제 안에는 전에 없던 꿈이 생겨났습니다. 약사가 되어 의료 선교를 떠나는 것이었습니다. 믿기 전에는 그저 하루하루를 흘려보내던 저였는데, 처음으로 품게 된 이 비전이 분명 하나님이 주신 선물이라 믿어 의심치 않았습니다. 당연히 하나님이 길을 열어주실 줄 알았지요. 하지만 결과는 예상 밖이었습니다. 약대는 떨어지고 지망하지 않았던 수학과에만 합격한 것입니다. 수학을 좋아하긴 했지만, 막상 원하던 꿈이 꺾이자 허무함과 원망이 밀려왔습니다. 하지만 그것이 하나님의 정교한 계획이었다는 사실은 수년이 흐른 뒤에야 깨달을 수 있었습니다.

대학교를 다니던 중, 고향 교회의 목사님께서 뜻밖의 권유를 하셨습니다.

"원석아, 네가 신학을 해보면 어떻겠니?"

처음엔 당황스러웠고, 다음엔 두려웠습니다. 목회란 양 떼를 돌보는 '목양'이 핵심인데, 평범한 가정을 경험해보지 못한 제가 과연 그 일을 잘할 수 있을까 싶었습니다. 아버지 없이 자란 제 결핍이 성도들을 상담하고 이끌기에 큰 장애가 될 것만 같았지요. 저는 다시 한번 3일간 금식하며 하나님께 묻고 또 물었습니다.

'하나님, 제가 목회자의 길을 걸어가는 것이 맞을까요? 그것이 하나님의 뜻일까요?'

그때 하나님은 제 마음 깊은 곳에 이런 확신을 주셨습니다.

'너와 같은 환경을 경험한 친구들이 앞으로는 더 많을거야. 갈수록 깨진 가정이 많아질 것이고 이로 인해 교회도 점점 약해질거야. 교회도 점점 다음세대 숫자가 줄어들거야. 그런 시대에 너에게 맞는 사명이 있을거야. 그것을 잘 감당해줄래?'

늘 피해의식 속에 숨기고 싶었던 제 과거가, 오히려 영혼을 살리는 강력한 도구가 될 것이라는 말씀에 눈앞이 환해졌습니다. 한 아이가 예수님을 만나 변화되면 가정이 복음화되고 세상에 선한 영향력을 끼칠 수 있다는 것을 증명하는 것, 그것이 제 사명임을 확신했습니다. 저는 '기독교 대안학교'를 세워 믿음의 리더를 키우겠다는 비전을 품게 되었습니다.

그리고 나니 비로소 보이기 시작했습니다. 왜 저를 수학과로 보내셨는지 말입니다. 저는 고향 교회 교육관에서 아이들에게 수학을 가르치며 그들의 고민을 들어주었고, 자연스럽게 복음을 전했습니다. 그때 가르쳤던 제자들이 지금은 교회의 든든한 일꾼이 되어 함께 사역하는 모습을 볼 때면, 하나님의 오묘한 인도하심에 감사의 기도가 절로 나옵니다.

그 과정을 통해 저는 인생의 중요한 진리를 배웠습니다. 하나님은 내가 '원하는 것'을 주시는 분이 아니라, 내게 가장 '필요한 것'을 채우시는 분이라는 사실입니다. 우리는 자주 내가 원하는 응답이 오지 않는다고 낙심하고 조급해합니다. 하지만 시간이 지나 뒤를 돌아보면, 하나님은 언제나 가장 필요한 시기에 가장 정확한 방법으로 우리를 이끌고 계셨습니다.

저는 약사가 되어 의료 선교를 꿈꿨지만, 하나님은 교육 선교를 통해 무너져가는 가정과 자녀들을 살리길 원하셨습니다. 내 계획보다 훨씬 크고 선하신 하나님의 설계도를 신뢰하며, 오늘도 그 발걸음에 순종하는 우리가 되기를 소망합니다.

사람이 마음으로 자기의 앞길을 계획하지만, 그 발걸음을 인도하시는 분은 주님이시다.
_잠언 16:9, 새번역

 **묵상**

하나님께서 우리에게 맡기진 사명과 계획은 무엇인가요?

믿음의 정점에서 만난 시린 겨울, 배신

하나님께서 주신 비전을 품고 고향을 떠나 새로운 세상으로 발을 내디뎠습니다. 10여 년간의 전임 사역을 거치며 제 마음속 대안학교의 꿈은 점점 더 구체화되었습니다. 2016년, 저는 운영자로서의 역량을 키우기 위해 파트 사역으로 전환하고 작은 수학 학원을 시작했습니다. 대안학교라는 거대한 비전을 실현하기 전, 실질적인 운영의 지혜를 배우고 싶었기 때문입니다. 당시 제 기도 제목은 매우 현실적이었습니다.

"하나님이 제게 주신 비전이 대안학교를 세워 믿음의 다음세대를 바로 세우는 것이라면 제게 돈 많고 믿음 좋은 장로님을 붙여주세요. 아니면 제가 돈이 많아져 재정의 어려움 없이 대안학교를 잘 운영할 수 있게 해주세요."

놀랍게도 학원은 눈부시게 성장했습니다. 원생이 400명에 육박하는 대형 학원으로 자리 잡으며, 저는 하나님이 두 번째 기도 응답을 통해 길을 여신다고 믿었습니다. 모든 것이 순조로워 보이던 그때, 생각지도 못한 폭풍이 몰아쳤습니다. 가장 신뢰했던 사람들에게 '배신'을 당한 것입니다.

그 충격은 제 영혼뿐 아니라 몸까지 무너뜨렸습니다. 전화벨만 울려도 손이 떨리고 식은땀이 났으며, 문자 한 통에 심장이 터질 듯 빠르게 뛰었습니다. 사람을 만나는 것 자체가 공포가 되었습니다.

부끄러운 고백이지만, 체험적 신앙을 강조하던 저는 이전까지 연예인들의 자살이나 공황장애, 우울증 소식을 들으면 속으로 이렇게 생각하곤 했습니다.

'아니 어떻게 믿음을 가진 사람들이 우울증에 걸리고 공황장애에 걸릴 수 있지? 하나님을 믿는 믿음이 있기는 한 건가?'

하지만 직접 그 캄캄한 터널 속에 갇혀보니, 예전의 제 생각이 얼마나 오만하고 어리석었는지 뼈저리게 느꼈습니다. 몸과 마음이 내 의지대로 움직이지 않는 그 처절한 무력감을 경험하고서야, 비로소 마음의 병으로 고통받는 이들의 눈물이 보이기 시작했습니다.

여러분 중에도 사람에게 받은 상처 때문에 낙심해 계신 분이 계시는지요? 예기치 못한 배신과 아픔 때문에 숨조차 쉬기 힘든 시간을 보내고 계시지는 않나요? 한 가지 말씀 드리고 싶습니다. 자신에게 너무 나쁘게 말하지 말라고 말입니다. 정신적인 스트레스로 인해 무너진 나를 너무 자책하지 않기를 바랍니다. 원치 않는 배신과 아픔에서 당당히 일어나는 믿음을 소유하면 얼마나 좋겠습니까? 하지만 누구나 다 그렇게 당당하게 일어날 수 있는 것은 아닙니다.

다만, 이것 하나만은 꼭 기억하십시오. 무너져 있는 당신을 누구보다 안타까워하며, 다시 일어나길 응원하시는 분이 계십니다. 지금 이 순간에도 성령 하나님께서는 말할 수 없는 탄식으로, 상처 입은 당신을 위해 기도하고 계십니다.

우리가 사람에게는 버림받았을지라도, 하나님은 단 한 순간도 우리를 포기하신 적이 없습니다. 그분의 그 지독한 사랑이, 결국 우리를 다시 살게 할 것입니다.

나를 책망하는 자는 원수가 아니라 원수일진대 내가 참았으리라 나를 대하여 자기를 높이는 자는 나를 미워하는 자가 아니라 미워하는 자일진대 내가 그를 피하여 숨었으리라
그는 곧 너로다 나의 동료, 나의 친구요 나의 가까운 친우로다
_시편 55:12-13, 개역개정

상처받은 경험을 아직 하나님 앞에 치유받지 못한 부분이 있나요?

블랙아웃, 내 명철이 멈춘 그곳에서

배신의 깊은 상처를 통과하며 저는 또 다른 하나님의 마음을 배웠습니다. 그리고 다시 일어날 준비를 시작했습니다. 몇 해 전, 본격적인 대안 교육의 비전을 품고 기도원에 들어가 일주일간 하나님의 때를 구했을 때, 주님은 제게 이런 마음을 주셨습니다. '지금 가진 학원 운영의 노하우를 살려, 예배와 실력이 공존하는 대안 학원을 세워보라'는 것이었습니다.

'그렇지. 교회 아이들보면 시험기간이 되면 주일에 교회는 빠져도 학원은 가지. 아예 내가 운영하는 학원에서 예배를 드리고 주일에는 수업을 잡지 않으면 좋겠네.'

주중에도 아이들과 얼굴을 맞대고 예배드릴 수 있다면 일석이조가 될 것 같았습니다. 그렇게 2024년 1월, 섬기는 교회의 도움으로 교육관에서 크리스천 리더를 키우는 '기독 대안학원'의 문을 열었습니다. 수

업 전 함께 예배를 드리는 작은 실험이 시작된 것입니다.

하지만 현실은 생각보다 냉혹했습니다. 예배와 성적이라는 두 마리 토끼를 잡는 것은 쉽지 않았습니다. 정체성에 대한 고민이 깊어질수록 성장은 정체되었고, 학부모님들의 현실적인 기대치 사이에서 마음의 짐은 늘어갔습니다. 설상가상으로 배신 이후 공백기 동안 어려워진 형편은 기독 학원을 운영하며 더욱 가팔라졌습니다. 다섯 남매를 책임져야 하는 가장으로서 저는 결국 'N잡러'가 되기로 결심했습니다.

낮에는 학원을 지켜야 했기에 선택지는 많지 않았습니다. 2024년 10월부터 저는 새벽 3시에 출근해 생수를 배달하는 일을 시작했습니다. 새벽에 출근해 수백 개의 생수병을 싣고 7~8시간을 배달한 뒤, 집에 돌아와 씻고 다시 학원으로 출근해 밤늦게까지 수업하는 강행군이 반복되었습니다. 주일에는 쉼 없이 사역을 이어갔습니다. 아무리 강철 같은 체력이라 자부해도 피로는 보이지 않게 영혼과 육체를 갉아먹고 있었습니다.

결국 2024년 11월 6일, 저는 생각하기조차 끔찍한 교통사고를 당했습니다. 많은 이들이 "졸리면 쉬지 그랬느냐"고 묻지만, 그것은 졸음이 아니라 '블랙아웃'이었습니다. 뇌의 회로가 일순간 꺼져버린 듯, 쉴 틈조차 인지하지 못한 채 마주한 멈춤이었습니다.

사고의 경위를 복기하며 어린 시절부터 지금까지의 기억을 하나씩 떠올려 봅니다. 그러자 한 가지 선명한 진리가 보였습니다. 하나님의 계획과 시간표에는 한 치의 오차도 없다는 사실입니다. 아브라함이 약속을 받은 후 이삭을 얻기까지 걸린 25년 동안, 아브라함과 사라는 끊임없이 의심하고 흔들렸습니다. 하지만 결국 하나님은 하나님의 방법으로 그 약속을 성취하셨습니다.

하나님은 시기와 방법, 기간을 직접 설계하시는 완벽한 연출가이십니다. 우리가 할 일은 그분의 인도하심을 온전히 신뢰하고, 끝까지 인내하며 그 곁을 지키는 것뿐입니다.

사랑하는 독자 여러분, 문제 앞에서 저 역시 기도의 힘보다 '어떻게 해결할까'를 고민하며 제 명철을 의지했습니다. 하지만 하나님은 사고라는 멈춤을 통해 저를 돌이키셨고, 오직 당신만을 신뢰하도록 이끄셨습니다. 혹시 지금 자신의 힘으로 인생의 무게를 버티고 계신 분이 계시는지요? 모든 것을 결정하시는 하나님께 온전히 맡겨보십시오. 내 명철이 멈춘 그곳에서, 하나님의 진짜 인도가 시작됩니다.

너는 마음을 다하여 여호와를 신뢰하고 네 명철을 의지하지 말라
너는 범사에 그를 인정하라 그리하면 네 길을 지도하시리라
_잠언 3:5-6, 개역개정

묵상

결국 하나님이 이루어 가신다는 것을 인정하고 신뢰하나요?

5부

다시 걷는 길

상처가 아니라 흔적입니다

짧게나마 저의 삶을 지나온 길을 나누었습니다. 책을 집필하며 저 또한 제 인생을 찬찬히 돌아보았습니다. 특히 여덟 번의 대수술을 견디며 죽을 고비를 넘겼던 그 아찔한 순간들을 복기하며 스스로에게 묻고 또 물었습니다.

'내가 왜 사고가 났을까? 그리고 다시 살리신 이유는 뭘까?'

중환자실에서 보낸 캄캄한 밤들 속에서 저는 필사적으로 그 이유를 찾았습니다. 그러다 문득, 사고가 나기 두 달 전 하나님께 드렸던 절박한 기도가 떠올랐습니다.

"하나님, 지금 너무 힘듭니다. 물질적으로도, 사역적으로도 한계에 부딪힌 것 같습니다. 지금 제가 걷는 이 길이 하나님이 주신 사명의 길이라는 증거를 보여주세요. 제가 길을 잃지 않도록, 하나님이 저와 함께

하신다는 분명한 '흔적'을 제게 남겨주세요."

그때의 그 기도가 이토록 처절한 방식으로 응답될 줄은 꿈에도 몰랐습니다. 이제 제 몸에는 평생 지워지지 않을 거대한 자국들이 남았습니다. 가슴에서 배꼽 밑까지 가로지르는 개복 흔적, 옆구리를 절개한 자국, 터진 장기를 이어 붙인 흔적, 그리고 원래 자리보다 오른쪽으로 치우쳐버린 배꼽까지….

처음에는 샤워할 때마다 거울에 비친 제 몸을 보며 고개를 돌렸습니다. 참혹한 사고의 '상처'라고만 생각했기 때문입니다. 하지만 성령님은 제게 놀라운 깨달음을 주셨습니다. 이것은 상처가 아니라, 죽음의 골짜기에서 나를 건져 올리신 주님의 '흔적'이라는 사실을 말입니다.

상처는 볼 때마다 아픔과 원망이 먼저 차오르지만, 흔적은 그 뒤에 숨겨진 은혜의 기억을 소환합니다. 구겨진 종이처럼 찌그러진 차 안에서 팔다리 하나 골절되지 않은 채 저를 끄집어내신 분, 비장과 신장처럼 생명에는 지장이 없는 부위만 다치게 하여 끝내 숨을 붙여놓으신 분. 폐차된 운전석을 본 사람들은 모두 기적이라고 말했습니다. 그 기적의 증거가 바로 제 몸에 새겨진 이 자국들이었습니다.

이제 저는 확신합니다. 하나님께서 저를 다시 살리신 이유는 분명합니다. 다시 복음 앞에 온전히 서서, 내 뜻이 아닌 하나님의 길을 걸어가라는 것입니다. 제 몸의 자국들을 더 이상 부끄러운 흉터로 여기지 말고, 살아계신 주님의 흔적으로서 세상에 선포하라는 사명입니다. 그래서 저는 매일 아침 고백합니다.

"하나님보다 앞서지 않겠습니다. 이 흔적의 주인이신 주님만 따르겠습니다."

우리에게는 저마다 크고 작은 상처가 있습니다. 겉으로 보이는 흉터일 수도 있고, 누구에게도 말 못 할 마음의 응어리일 수도 있습니다. 여러분은 그 상처를 볼 때 무엇을 떠올리십니까? 나를 할퀴고 간 사람들과 절망적인 상황들만 되새기고 계시지는 않나요?

분명하게 기억하십시오. 하나님 안에 있는 자에게 더 이상 '상처'란 없습니다. 그것은 우리를 살리신 주님의 '흔적'입니다. 우리가 이 아픈 기억들을 은혜의 흔적으로 바꾸어낼 때, 비로소 우리는 동일한 아픔을 겪는 이들에게 '희망의 자국'을 남겨줄 수 있습니다.

말할 수 없는 탄식으로 우리를 위해 기도하시는 성령님을 의지하십시오. 당신의 아픈 상처가 누군가를 살리는 귀한 흔적이 되어, 죽어가는 영혼들에게 생명의 길을 안내하는 이정표가 되기를 간절히 바랍니다.

내가 죽지 않고 살아서 여호와의 일을 선포하리로다

_시편 118:17. 개역개정

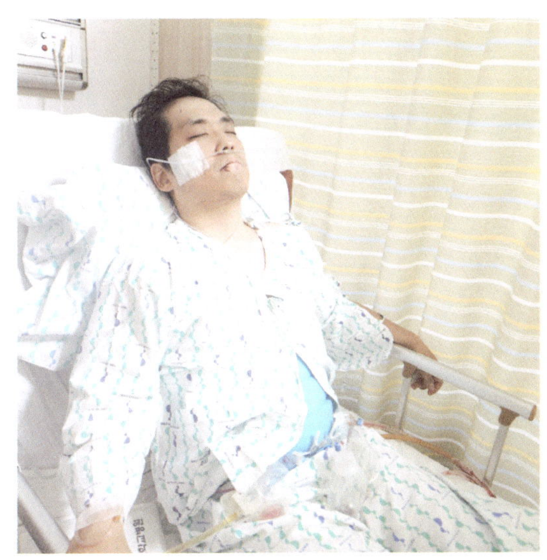

묵상

하나님이 우리의 생명을 오늘까지 붙드신 이유는 무엇인가요?

내 힘의 끝에서 시작된 하나님의 '플러스'

우리 삶에서 가장 큰 비중을 차지하는 현실적인 고통을 꼽으라면, 아마 많은 이들이 '재정의 문제'를 말할 것입니다. 이는 단순히 부유함의 문제가 아니라, 당장 내일을 살아낼 수 있느냐는 생존의 문제입니다.

저 역시 그 막막한 현실 앞에 서 있었습니다. 어려워진 가계 상황을 극복해보려 생수 배달을 시작했지만, 결과적으로 사고가 났고 저는 벌기는커녕 병실에 누워 돈만 써야 하는 최악의 상황으로 치달았습니다.

하지만 이 사고를 통해 주님은 제게 분명한 진리 하나를 가르쳐주셨습니다. 우리는 흔히 문제의 경중을 따져 '이건 내가 해결할 수 있는 일', '이건 하나님께 맡겨야 할 일'로 순서를 정하곤 합니다. 하지만 하나님의 관점에는 문제의 경중이 없습니다. 그분은 우리가 모든 상황 속에서 자신의 '명철'을 의지하기보다 '기도'가 우선되기를 바라셨습니다.

사고 전의 저를 돌아봅니다. 재정의 압박 앞에 저는 절박했지만, 하나님을 향한 절박함은 없었습니다. 물에 빠진 사람이 "바쁘시면 그냥 가시고, 안 바쁘시면 살려주세요"라고 하지 않듯, 저는 정말 죽을 듯이 하나님께 매달렸어야 했습니다. 하지만 저는 '이 문제를 어떻게 해결하지?'라며 머리를 굴렸습니다. 제 계산에는 기도의 무릎보다 투잡을 뛰는 제 몸뚱이가 더 빨라 보였기 때문입니다.

결과는 어떠했습니까? 한 달간 잠을 줄여가며 죽어라 일했지만, 저는 단 1원도 벌지 못했습니다. 사고가 나던 날, 의식을 잃고 병원으로 실려 간 사이 제 휴대폰에는 수십 통의 전화가 와 있었습니다. 무단결근이 된 것이지요. 계약 조건상 무단결근은 배당된 물량만큼 위약금을 물어내야 했고, 결국 한 달치 급여는 위약금으로 고스란히 날아갔습니다. 트럭 대여비도 돌려받지 못했습니다. 제 힘으로 발버둥 쳐서 일어선 결과는 오히려 '마이너스'였습니다.

그런데 제가 사경을 헤매며 아무것도 할 수 없던 그때, 비로소 하나님이 일하기 시작하셨습니다. 제가 섬기는 교회의 목사님과 지인들이 SNS를 통해 제 소식을 전하며 기도를 부탁했습니다. 그 소식은 국경을 넘어 미국까지 퍼졌고, 일면식도 없는 분들이 '목사님 힘내세요', '하나님 살려주세요'라는 메시지와 함께 소중한 물질을 보내주셨습니다. 심지어 어떤 기업가께서는 다시 차를 살 수 있을 만큼 큰 금액을 후원해 주시기도 했습니다. 제가 한 달 내내 잠을 포기하며 벌려 했던 돈보다 훨씬 더 큰 은혜가 하나님의 방법으로 우리 가정에 흘러 들어왔습니다.

주님은 제게 이렇게 말씀하시는 듯했습니다.

"최 목사야, 네 상황을 누가 제일 잘 알겠니? 너의 생각을 넘어서는 나의 계획을 보아라. 나는 네가 발버둥 치기 전에 내게 엎드려 기도하길 원했단다."

여러분은 지금 어떤 벽 앞에 서 계십니까? 앞이 막막하고 당장 눈앞의 불을 끄는 것이 더 빨라 보일지라도, 기도가 정답임을 잊지 마십시오. 우리가 내 힘을 빼고 하나님의 자리를 내어드릴 때, 주님은 우리의 계산법을 뛰어넘는 가장 완벽한 길로 우리 인생을 풀어 가십니다. 내 생각이 멈추는 곳에서 하나님의 일하심은 시작됩니다.

"나의 생각은 너희의 생각과 다르며, 너희의 길은 나의 길과 다르다."
주님께서 하신 말씀이다.
"하늘이 땅보다 높듯이, 나의 길은 너희의 길보다 높으며, 나의 생각은 너희의 생각보다 높다.
_이사야 55:8-9, 새번역

그동안 내 힘으로 해결하려고 노력했던 모습이 있나요?

우리가 진정 두려워해야 할 것은 이것입니다

여러분은 살아가면서 가장 두려운 것이 있다면 무엇입니까? 저는 죽음이 가장 두려웠습니다. 믿음의 사람으로서 천국에 대한 확신과 소망을 두고 살아가지만, 그럼에도 죽음은 두려운 대상이었습니다.

'사고가 나서 죽을까? 병들어 죽을까? 죽는 순간은 얼마나 아플까?'

살아있는 사람이라면 죽음이란 한 번도 경험하지 못한 일이기에, 어떻게 죽을까에 대한 막연한 두려움이 있었습니다. 하지만 저에게 그 두려움을 깨는 사건이 일어났습니다. 이번 사고를 통해 환상으로 분명하게 깨닫게 된 일이 있었습니다.

수술 후 경과를 확인하기 위해 일주일 뒤면 항상 조영제를 혈관에 투입하고 CT 촬영을 했습니다. 조영제를 맞으면 순간 몸이 뜨거워지는 것을 느끼게 되는데, 6번째 촬영까지는 아무런 문제가 없었습니다. 그런데 7번째 수술 후 일주일이 지났을 때 사고가 터졌습니다. CT 촬영실 문을 나오던 찰나였습니다.

"여보, 나 답답해. 숨이 안 쉬어져…."
"뭐라고? 여보? 여보!"
"살려주세요! 남편이 숨을 안 쉬어요! 도와주세요!"

촬영실에서 나오며 아내에게 숨이 안 쉬어진다고 말한 뒤, 제 눈은 돌아갔고 그대로 의식을 잃었습니다. 나중에 아내에게 들으니 1분 가까이 심장이 멈춘 상태였다고 합니다. 병원에서 말하는 '코드블루', 그 위급한 상황이 제게 벌어진 것입니다. 의사와 간호사들이 제 침대를 둘러싸고 산소호흡기를 끼우며 긴박하게 움직였습니다.

그런데 정말 신기한 경험을 했습니다. 그 위급한 상황 가운데 저는 환상을 보았습니다. 제 눈앞에서 수많은 사람이 어디론가 가고 있었습니다. 여기저기 흩어지는 것이 아니라 모두 동일하게 한 방향을 향해 걸어가고 있었습니다. 저는 순간적으로 직감했습니다.

'아, 하나님 심판대로 가는 거구나. 죽으면 저렇게 가는 거구나.'
'그런데 나 지금 가면 안 되는데…. 아직은 가면 안 되는데….'

왜 그랬는지는 모르겠지만 아직 가면 안 된다고 외치며 눈을 떠야겠다고 생각했고, 마침내 눈을 떴습니다.

"환자분? 환자분! 괜찮으세요?"

눈을 뜨는 순간 정신이 하나도 없었습니다. 지금 저에게 벌어진 상황이 도무지 이해되지 않아 천장을 바라보며 무슨 일이 일어났는지 기억해 내려 애썼습니다. 제 첫 사고 때와 너무 똑같은 상황이었기에 '나 또 사고가 났구나' 하는 생각까지 들었습니다. 그런데 가만히 누워 생각하던 중, 마음을 스쳐 지나가는 생각이 확신으로 바뀌었습니다.

'죽음은 두려운 게 아니군…'

제가 가장 두려워했던 죽음의 순간에 대한 두려움이 완전히 사라졌습니다. 영과 육이 분리되는 순간에는 아픔이 없다는 것을 체험으로 깨달았기 때문입니다. 육신은 숨이 멎고 심장이 멈춰 의사들이 긴박하게 움직이던 상황이었지만, 정작 저는 고통을 느끼는 것이 아니라 편안하게 환상을 보고 있었습니다. 정말 말도 안 되는 신비한 경험이었습니다.

내가 내 몸을 쳐 복종하게 함은 내가 남에게 전파한 후에 자신이 도리어 버림을 당할까 두려워함이로다
_고린도전서 9:27, 개역개정

그 위대한 사도 바울도 고린도전서에서 자신은 복음을 전하는데 정작 마지막 순간에 상급 없이 버림받는 가련한 신세가 되지 않으려고 날마다 자기 몸을 쳐 복종시킨다고 고백합니다. 정말 충격적인 고백

입니다. 사도 바울이라면 당연히 하늘의 상급은 따놓은 것이라 생각하지 않겠습니까?

저도 이 체험을 통해 분명하게 두려움의 기준이 바뀌었습니다. 사도 바울을 닮을 수조차 없는 연약한 존재이지만, 저 역시 이제는 죽음이 두려운 것이 아니라 목사로 살아가며 복음을 전하면서도 정작 제 자신이 상급 없는 자가 되어 버림받을까 그것이 두렵습니다. 3년도 안 되는 시간 동안 배신이라는 정신적인 아픔과 교통사고라는 육체적인 아픔을 겪으며 확실하게 느꼈습니다.

'결국 이 땅에서 겪는 고통은 우리에게 두려움을 줄 수 없다. 그 고통들은 성령의 열매인 오래참음(인내)을 통해 통과할 수 있다.'

인내(忍耐)라는 말은 '참을 인(忍)'과 '견딜 내(耐)'를 씁니다. '참을 인'은 칼날(刃)과 마음(心)이 합쳐져 '칼날 같은 고통을 겪는 마음'을 뜻하고, '견딜 내'는 턱수염(而)을 손(寸)으로 당기는 육체의 고통을 의미합니다. 즉, 인내란 마음과 육체의 상처를 이겨내는 것입니다. 이것은 인간 스스로 극복할 수 있는 것이 아닙니다. 하지만 성령의 열매로 '인내'를 얻으면 온전히 이길 수 있습니다. 그 열매가 우리 안에 맺힐 때 비로소 삶의 기쁨이 회복될 줄 믿습니다.

우리가 진정으로 두려워해야 할 것은 과거의 상처가 다시 찾아올까 봐 전전긍긍하는 것이 아닙니다. 지금 신앙생활을 하고 있지만 결국 마지막에 상급없이 버림받을까를 두려워해야 합니다. 사도 바울과 같은 심정으로 우리 삶에서 처절한 고백을 드려야 합니다. 이 땅에서 진짜 천국의 소망을 가지고 살아갈 수 있기를 바랍니다.

그러므로 나의 사랑하는 자들아 너희가 나 있을 때뿐 아니라 더욱 지금 나 없을 때에도 항상 복종하여 두렵고 떨림으로 너희 구원을 이루라

_빌립보서 2:12, 개역개정

내가 가장 두려워하는 것은 무엇인가요?

멈춤 이후, 다시 사명

우리는 흔히 '멈춤'이 곧 '끝'이라고 생각합니다. 실패는 곧 종착역이라 여겨 좌절하곤 합니다. 저 역시 교통사고로 모든 것이 멈춰버렸을 때, 제 인생도 이대로 끝났다고 생각했습니다. 하지만 하나님의 생각은 달랐습니다. 하나님은 저를 잠시 멈추게 하셨을 뿐, 결코 끝내지 않으셨습니다. 저를 다시 걷게 하셨고, 이전과는 전혀 다른 관점으로 삶을 바라보게 하셨습니다.

첫째로, 하나님은 다음 세대를 향한 저의 비전을 다시 세우게 하셨습니다. 이번 사고를 통해 발견한 제 모습은 '성숙'보다 '성장'에 치우쳐 있었습니다. 아이들이 자라는 시기이기에 성장이 무엇보다 중요하다고 믿었고, 그래서 달리는 말에 채찍질하듯 수학을 가르치고 사역을 해왔습니다.

그러나 사고 이후 깨달은 진리는 '성숙을 통해 성장이 일어난다'는 것이었습니다. 어제보다 오늘 더 커지는 것이 아니라, 어제보다 오늘 더 깊어지는 '성숙'이 결국 자신을 더 건강하게 성장시킨다는 확신이 들었습니다. 우리 삶이 언제 마지막이 될지는 아무도 모릅니다. 10대 아이들과 함께했던 모의 장례식에서, 그 어린 친구들이 공통적으로 유언장에 '후회한다'는 말을 적는 것을 보며 깨달았습니다. 하루를 소중히 여기며 신앙의 깊이를 더해가는 것이 얼마나 중요한지를 말입니다. 이제 저는 위로 자라기보다 아래로 더 깊게 뿌리 내리는 '성숙한 크리스천'을 키우는 일에 제 사명을 쏟으려 합니다.

둘째로, 제 안에 목양의 마음을 더 크게 부어주셨습니다. 병원에서 수개월을 지내며 마주한 수많은 환자의 사연은 제 마음을 흔들었습니다. 누구에게도 말 못 할 상처를 안고 하루하루를 버텨내는 분들을 위해 기도하며, 한 영혼을 마음에 품는 목자의 심정이 커져감을 느꼈습니다. 이전에는 세상에 영향력을 끼칠 인재를 양성하는 데 집중했다면, 이제는 한 영혼, 한 가정을 위해 울며 기도할 때 하나님이 이루실 회복과 은혜를 더 기대하게 되었습니다.

2024년 11월에 사고를 당했기에 2025년을 맞이할 때는 어떤 기대도 없었습니다. 오직 회복에 대한 염려뿐이었습니다. 그러나 주님은 저를 다시 일으키셨고, 사역의 현장으로 복귀시켜 주셨습니다. 감사한 마음으로 2026년의 계획을 빼곡히 채워가던 즈음, 우연히 제 눈에 들어온 책 제목이 있었습니다.

<기도가 전부가 되게 하라>

하나님은 그 제목을 통해 제게 강한 마음을 주셨습니다.

'최 목사, 내가 네게 새생명을 다시 허락한 것은 더 많은 계획들을 세우고 더 많은 일을 하라는 것이 아니야. 지금 내가 네게 원하는 것은 기도야.'

그 음성 앞에 저는 가던 길을 멈추고 다시 무릎을 꿇었습니다. 빼곡했던 계획표 대신 기도 수첩을 샀습니다. 저를 위해 기도해주셨던 분들, 기도를 요청해온 분들의 이름을 하나하나 적어 내려갔습니다. 베드로에게 "내 양을 먹이라" 말씀하셨던 예수님의 마음을 품고 매일 간절히 중보하고 있습니다. 한 영혼이 주께 돌아오는 것을 가장 기뻐하시는 목자의 마음이 제 안에서 변치 않기를 기도합니다.

혹시 여러분도 예기치 못한 질병이나 사고, 실직 때문에 삶이 멈춰버린 경험이 있으십니까? 원치 않는 상황 속에서 좌절하고 계시지는 않나요?

분명하게 말씀드리고 싶습니다. 주님은 결코 당신을 끝내지 않으셨습니다. 반드시 다시 걷게 하십니다. 지금의 그 멈춤은 더 원대한 비전을 위해 반드시 거쳐야 할 과정일 뿐입니다. 그 시간을 신뢰하며 기도의 무릎으로 견뎌내십시오. 하나님께서 다시 맡기실 사명이 무엇인지, 그 깊은 무릎 끝에서 발견하게 되시기를 소망합니다.

현재 우리가 겪는 고난은, 장차 우리에게 나타날 영광에 견주면, 아무 것도 아니라고 나는 생각합니다.

_로마서 8:18, 새번역

 묵상

하나님이 지금 내게 다시 맡기시는 사명은 무엇인가요?

추수감사헌금부터 기도응답까지

저는 운동을 참 좋아합니다. 구기 종목은 직접 하는 것도 보는 것도 가리지 않고 즐깁니다. 특히 야구를 좋아해서 사고 전에는 매주 월요일마다 충북 오창으로 달려가 지역 목회자분들과 함께 야구 배트를 휘두르곤 했습니다. 하지만 사고 이후 그라운드에 서는 것은 불가능한 일이 되었습니다. 함께 땀 흘리던 회원 목사님들은 제 비보를 듣고 안타까운 마음을 담아 간절한 기도와 후원을 보내주셨습니다.

그중 한 목사님이 섬기시는 교회에서는 성도님들이 한 해의 결실을 감사하며 정성껏 드린 '추수감사헌금'을 제게 보내주셨습니다. 성도님들의 사랑이 담긴 그 귀한 물질을 받아 들고 얼마나 눈물을 흘렸는지 모릅니다. 그 인연으로 그곳에 간증 집회를 하러 가게 되었습니다.

집회 날, 교회를 방문하고 저는 깜짝 놀랐습니다. 교회는 상가 한편에 자리 잡은 아주 작고 아담한 곳이었습니다. 주보에 적힌 지난주 헌금

액수와 지출 내역, 통장 잔액을 우연히 보게 되었는데, 그 숫자를 보고 다시 한번 가슴이 먹먹해졌습니다.

'아니, 교회 형편이 이토록 넉넉지 않은데 내게 그 큰 액수를 보내주셨단 말인가….'

그리스도의 사랑이 아니고서는 도저히 설명할 수 없는 일이었습니다. 집회 내내 가슴으로 울며 말씀을 전했습니다. 예배 후 목사님과 대화를 나누며 그분의 다음 세대를 향한 비전을 듣게 되었습니다. 제 마음 속에 뜨거운 감동이 일었습니다.

"목사님, 비전스쿨을 시작하시죠. 제가 수학으로 돕겠습니다. 이번 방학부터 목사님 아들을 제가 직접 가르칠게요. 하나님께서 반드시 길을 여실 겁니다."
"네? 정말요? 갑작스러운 제안이라 당황스럽기도 하지만…."
"목사님 말씀을 듣는 내내 하나님이 제게 주신 마음입니다. 기도해보시고 말씀해 주세요."

돌다리도 두드려보고 건너는 신중한 성격의 목사님께서는 며칠 뒤 연락을 주셨습니다. 그렇게 여름방학부터 매주 금요일마다 청주로 내려가 재능기부로 수학을 가르치기 시작했습니다. 소문이 나면서 아이들이 늘어났고, 우리는 '성언비전스쿨'이라는 이름을 걸고 본격적으로 예배와 공부를 병행했습니다.

"목사님, 하나님께서 하신 일입니다. 우리가 야구로 만났지만, 제가 사고를 당하지 않았다면 이 작은 교회에 와서 간증할 일도, 아이들을 만날 일도 없었겠지요. 이 모든 이끄심이 하나님의 확신입니다."

실제로 이 비전스쿨을 통해 기적 같은 일들이 일어났습니다. 내신은 우수하지만 수학 성적이 늘 4~5등급에 머물러 고민하던 고3 친구는, 저와 함께 공부하며 지난 기말고사에서 단숨에 2등급을 올렸습니다. 저는 그 친구에게 분명히 말해주었습니다.

"이 응답은 하나님이 주신 거야. 네가 좋은 대학에 가는 것이 목표가 아니라, 그 비전을 이뤄서 하나님의 살아계심을 전하는 사람이 되길 바라. 그리고 너도 나중에 후배들에게 이 사랑을 흘려보내는 사람이 되어주렴."

사춘기를 심하게 겪으며 부모님과 갈등하던 중3 친구도 있었습니다. 수학 강사 출신인 사모님과 공부할 때마다 부딪히며 마음의 문을 닫았던 아이가, 비전스쿨에서 함께 예배드리고 공부하며 스스로 공부하는 습관을 갖게 되었습니다. 사모님께서는 눈물 어린 목소리로 간절한 기도 응답이라며 고마워하셨습니다.

한 목회자의 간절한 기도에 대한 응답을 '추수감사헌금'으로부터 시작하여 완성하신 하나님의 섭리를 어찌 인간이 상상이나 할 수 있겠습니까? 하나님은 우리 개개인의 계획표를 가지고 계십니다. 상상할 수 없는 방법으로 가장 적절한 때에 일하십니다. 우리가 그분을 전적으로 신뢰할 때, 하나님은 우리 삶 속에서 마음껏 그분의 기적을 펼쳐 가실 것입니다.

우리가 알거니와 하나님을 사랑하는 자 곧 그의 뜻대로 부르심을 입은 자들에게는 모든 것이 합력하여 선을 이루느니라

_로마서 8:28, 개역개정

묵상

내가 겪은 고난이 누군가의 기도 응답으로 사용된 적이 있나요?

죽음의 문턱에서 발견한 나의 진짜 사역지, 가족

"여보 정말 고마워. 많이 사랑해."

사고 후 지난 1년을 보내며 제게 찾아온 가장 큰 변화는 '가족'에 대한 시선이었습니다. 돌아보면 저는 참 많은 착각 속에 사역하고 있었습니다. 아버지 없이 자란 어린 시절을 겪으며, 나는 커서 꼭 좋은 아빠가 되어 남들이 닮고 싶어 하는 가정을 만들겠노라 다짐했었습니다. 아내를 사랑하고 오 남매를 낳아 행복하게 사는 모습에 주위의 칭찬도 이어졌기에, 저는 제 다짐을 잘 지키고 있다고만 생각했습니다. 하지만 죽음의 문턱을 넘나들며 그것이 아니었음을 하나씩 깨닫게 되었습니다.

첫째는 아내에 대한 사랑의 방식입니다. 저는 결혼할 때보다 지금 아내를 훨씬 더 많이 사랑합니다. 해를 거듭할수록 그 마음이 커져만 갑니다. 아내가 곁에 없었다면 지금의 저도 없었을 거라고 평소에도 늘

이야기해왔습니다. 그런데 제가 놓치고 있던 게 있었습니다. 진정으로 사랑한다면 아내가 무엇을 원하는지, 무엇이 필요한지를 살펴야 했는데 '바쁘다'는 핑계로 그러질 못했습니다.

"여보, 내가 열심히 사역하고 돈 벌 테니까 자기는 집에서 애들 잘 키워줘."

결혼 초창기에 했던 이 말이 지금 생각해보면 얼마나 어리석었는지 모릅니다. 주중에는 학원에서 수학을 가르치고 주말에는 사역을 하느라 아내와 대화할 시간조차 없었습니다. 아내가 번아웃이 오고 심리적으로 불안해하며 지쳐가는 것을 저는 알지 못했습니다. 장모님이 오셔서 1년 가까이 집안일을 도와주실 때도 저는 바쁘다는 핑계로 아내를 돌보지 못했습니다.

사고 이후 병원에서 몇 달을 지내며 아내와 24시간 붙어 있게 되었습니다. 그때 정말 많은 대화를 나누며 느꼈습니다. '사랑하면 행동해야 한다'는 것을요. 아내는 늘 행동으로 사랑을 보여주었는데 저는 그것을 모르고 살았습니다. 이제야 깨닫습니다. 바빠서 못한 게 아니라 몰라서 안 한 것이었다는 사실을 말입니다.

둘째는 자녀들에 대한 사랑입니다. 저는 자녀들이 하나님이 맡겨주신 기업이기에 잘 양육해야 한다는 책임감으로 사랑보다 잔소리를 앞세웠습니다. 어머니의 훈계 방식이 싫어 나는 그러지 않겠다고 다짐했지만, 저 역시 칭찬보다 훈계를 더 많이 하는 아빠가 되어 있었습니다.

하지만 죽음 앞에서 돌아와 보니 그 어떤 것보다 아이들이 '구원의 확신'을 갖는 것이 제일이라는 것을 깨달았습니다.

주님도 저를 이토록 끝까지 기다려주셨는데, 제가 자녀를 기다려주지 못하는 것은 '교만'이었습니다. 목사이기 이전에 믿음을 가진 아빠로서, 제가 먼저 믿음을 지키는 모습을 보여주면 하나님의 때에 반드시 자녀들을 만지시고 변화시키실 것을 이제는 믿습니다.

우리 모두 가정을 한번 돌아봅시다. 바쁘다는 이유로, 혹은 가족이니까 다 이해해 줄 거라는 핑계로 가정을 소홀히 하고 있지는 않습니까? 가정을 천국으로 만들어야 합니다. 주님이 가정의 주인 되심을 고백하고, 그분의 청지기로서 가족의 소중함을 회복하는 은혜가 있기를 바랍니다.

네 집 안방에 있는 네 아내는 결실한 포도나무 같으며 네 식탁에 둘러 앉은 자식들은 어린 감람나무 같으리로다
여호와를 경외하는 자는 이같이 복을 얻으리로다
_시편 128:3-4, 개역개정

나는 가족보다 일을 우선하고 있지는 않나요?

오늘을 살아 내는 힘

결국 중요한 것은 거창한 미래보다 '오늘'이었음을 느낍니다. 오늘 숨을 쉬고, 오늘 걸어가고, 오늘 기도하는 것. 그 하루하루를 채워갈 때 그것이 비로소 우리의 삶이 되는 것입니다.

저는 사고 이후 '오늘의 은혜'를 다시 회복했습니다. 예전에 제가 했던 설교 중에 '오늘이 마지막처럼'이라는 제목이 있었습니다. 그 설교의 핵심은 제목처럼 오늘이 인생의 마지막인 것처럼 간절하게 살아가자는 것이었습니다.

예수께서 큰 소리로 불러 이르시되 아버지 내 영혼을 아버지 손에 부탁하나이다 하고 이 말씀을 하신 후 숨지시니라

_누가복음 23:46, 개역개정

예수님께서 십자가에서 마지막으로 남기신 이 말씀은 사실 구약 시편

의 말씀을 인용한 것이었습니다.

나의 영을 주님의 손에 부탁한다는 다윗의 고백은 무엇을 의미할까
요? 광야 시대를 떠올려보면 답을 알 수 있습니다. 광야 40년 동안 이
스라엘 백성들은 매일 내려주는 만나와 메추라기를 먹고 살았습니
다. 지금처럼 전등이 있는 것도 아니기에 해가 지면 칠흑 같은 어둠
뿐이었습니다. 해가 지면 하루가 끝나고, 다시 해가 떠야 하루가 시작
되었습니다. 만약 다음 날 아침에 만나가 없다면 그들은 굶어야만 했
습니다.

그들은 하루하루 하나님의 은혜로만 채워질 수밖에 없는 존재였습니
다. 그래서 매일 잠들 때마다 "하나님, 내 영을 주의 손에 부탁합니다.
나를 지켜주세요"라고 간절히 기도했습니다. 그것이 그들의 습관이
자 삶이었습니다. 매일이 시작이었고 매일이 마지막이었습니다. 보장
된 미래를 소망하며 사는 것이 아니라, 오늘이 마지막이라는 마음으
로 매 순간 주님의 은혜를 구할 수밖에 없었던 것입니다.

저 역시 예전에는 잠자리에 들 때마다 "주님, 내 영혼을 부탁합니다.
내일도 생명을 주시면 최선을 다해 살겠습니다"라고 기도했습니다.
아침에 눈을 뜨면 "또다시 하루를 살게 해 주셔서 감사합니다. 주님

뜻대로 행동하게 해 주십시오"라고 고백했습니다. 그런데 어느 순간 그 감사가 사라졌습니다. 하루하루 지쳐서 잠들고, 스마트폰을 보다 잠드는 것이 일상이 되었습니다.

사고는 그런 제 부끄러운 모습을 비춰주었고, 다시금 '오늘의 은혜'를 회복하게 하셨습니다. 오늘 주어진 생명에 감사하고, 만나는 사람들을 축복하며, 내 힘이 아닌 '주님의 은혜로 살아내는 법'을 다시 배웠습니다. 이제 다시 잠들 때와 일어날 때 주님께 하루를 통째로 맡기는 기도를 시작했습니다.

여러분도 이 하루의 은혜를 회복해야 합니다. 그러기 위해서는 염려를 버려야 합니다. 특히 아직 오지 않은 내일의 염려를 버려야 합니다. 내일의 걱정이 우리를 점령하면, 오늘을 기쁨으로 살아내기가 힘듭니다. 그 염려 때문에 오늘을 제대로 살지 못하면, 내일이 오늘이 되었을 때 또다시 염려가 반복됩니다. 이 다람쥐 쳇바퀴 같은 악순환을 하나님으로 끊어내야 합니다. 문제보다 크신 하나님을 먼저 찾고 구할 때, 모든 필요를 더하시는 '아빠 하나님'을 발견하게 될 것입니다.

그런즉 너희는 먼저 그의 나라와 그의 의를 구하라 그리하면 이 모든 것을 너희에게 더하시리라
그러므로 내일 일을 위하여 염려하지 말라 내일 일은 내일이 염려할 것이요 한 날의 괴로움은 그 날로 족하니라

_마태복음 6:33-34, 개역개정

나는 오늘을 은혜로 살고 있나요?

다시 멈추게 하시는 사랑, 안식

사역을 하다 보면 "잘 쉬는 것도 영성이다"라는 말을 듣곤 합니다. 하나님께서 세상을 창조하시고 일곱째 날에 안식하셨던 것처럼, 일과 쉼의 균형은 우리 삶에 정말 중요합니다. 저 역시 사고를 통해 하나님이 나를 멈추게 하신 이유를 뼈저리게 깨달았지만, 일상으로 돌아오니 인간이 얼마나 나약하고 망각에 빠른 존재인지를 다시금 느끼게 되었습니다. 하나님이 명하신 안식과 일의 균형을 또다시 잊고 사는 제 모습을 발견했기 때문입니다.

2025년 7월 2일, 여덟 번째 수술로 장루복원을 했습니다. 일주일 뒤 퇴원하며 담당 교수님과 "이제 병원에서는 다시 보지 말자"고 웃으며 작별 인사를 나눴습니다. 두 달 뒤인 9월부터는 현장에 복귀해 수학 강의와 사역, 그리고 집회로 하루를 꽉 채워 살았습니다. 아직 완벽한 몸이 아니라는 사실을 잊은 채, 예전처럼 앞만 보고 달린 것입니다. 그렇게 달리다 보니 몸은 서서히 지쳐갔습니다.

"참 사람은 나약한 것 같아요. 병원에 있을 때는 그렇게 나가고 싶더니, 막상 일상에서 바쁘게 치이다 보니, 병원에서 회복할 때로 돌아가 쉬고 싶다는 생각을 하게 되네요."

지인에게 무심코 속마음을 터놓으면서도, 저는 멈추지 못했습니다. 그러다 2026년 첫 주부터 온몸에 몸살 기운이 돌더니 수술했던 왼쪽 옆구리에 강한 통증이 시작되었습니다. 독감이나 코로나인 줄 알고 동네 병원을 찾았지만 결과는 음성이었습니다. 직감적으로 몸에 이상이 생겼음을 느끼고, 수술을 받았던 아주대학교 병원 응급실로 향했습니다.

CT 촬영 때 조영제 부작용으로 심정지가 온 적이 있어 조영제 없이 CT를 찍고 피검사를 했습니다. 염증 수치가 높다는 결과가 나왔고, 응급실 의사선생님은 저를 담당하셨던 교수님께서 아침에 출근하시면 상의하고 다시 알려주겠다고 하였습니다.

"환자분, 담당 교수님께서 입원하라고 하시네요. 마지막 염증 수술 후 8개월이나 지났는데 다시 수치가 올라간 것이 의아하다고 판단하셨어요. 보호자께서는 입원 수속 해주세요."

결국 "다시는 보지 말자"던 교수님을 병실에서 다시 마주하게 되었습니다.

금요일에 입원해 주말 내내 치료를 받았지만 열은 떨어지지 않았습니다. 월요일에 수술 부위를 초음파로 살핀 교수님이 다시 절개하여 고름을 짜냈음에도 상황은 나아지지 않았습니다. 마음이 답답해졌습니다.

'하나님, 왜 열이 안 떨어지나요? 이번 주 일정 다 비워두고 입원했는데, 왜 아무것도 못 하고 여기 갇혀 있어야 합니까?'

병실에 누워 쉬고 있었지만 마음은 쉬지 못했습니다. 그러다 수요일 저녁, 유튜브에서 우연히 가수 서유석 씨의 찬양을 듣게 되었습니다.

"내 영혼이 은총 입어……."

그 한 소절에 눈물이 터져 나왔습니다. 한 달 전부터 입버릇처럼 "쉬고 싶다"고 말해놓고 정작 쉼을 주시니 원망만 하고 있던 제 모습이 떠올랐기 때문입니다. 주님의 은총으로 다시 살게 되었으면서도, 저는 여전히 일과 안식의 균형을 잃고 헤매고 있었습니다. 나보다 나를 더 잘 아시는 주님이 저를 살리기 위해 다시 강제로 멈춰 세우셨음을 깨닫자 비로소 감사가 터져 나왔습니다.

"주님, 정말 오늘을 기억할게요. 다시는 이 균형을 잃지 않겠습니다."

다시 이렇게 쉼을 허락하시는 하나님의 사랑을 깨닫고 보니 왠지 하나님께서 고쳐주실 것 같다는 확신이 들었습니다. 그렇게 하루가 지나고 목요일 아침이 되어 교수님을 만났습니다.

"환자분, 원인을 알아야 할 거 같아요. 그래서 사전 조치를 잘 한 후에 조영제 맞고 CT 촬영을 할 예정이에요."

그렇게 말씀하시고 상처부위 소독을 위해 보셨는데 부풀어 오른 곳이 있다고 갑자기 다시 절개를 하였습니다. 그런데 그 순간, 제 몸에서 따뜻한 것이 빠져나가는 것을 느꼈습니다. 한 시간 후에 열을 쟀는데 갑자기 정상으로 돌아온 것이었습니다. 원인 모를 고열이 사라지자 예정되었던 복잡한 촬영들도 모두 취소되었습니다.

더 신기한 것은 그날 밤이었습니다. 저희 교회는 목요 찬양 예배를 드리는데, 마침 병실의 다른 환자들이 모두 퇴원하고 저 혼자 남게 된 것입니다. 간호사님도 병실이 비는 건 처음 본다며 신기해하셨습니다. 하나님이 예비하신 독대의 시간, 저는 홀로 남은 병실에서 찬양을 부르며 눈물의 예배를 드렸습니다. 그렇기 기쁨의 밤을 보내고 다음날 교수님을 만났습니다.

"환자분, 정확한 원인은 아직 모르겠지만 수치가 다 정상으로 돌아와 퇴원을 해도 될 거 같아요."
"교수님, 저는 원인을 알거 같아요…."
"네? 원인을요? 그게 뭔데요?"
"교수님도 아시지만 제가 목사잖아요. 영적인 이야기라서…."
"저도 크리스천이잖아요. 말씀해 보세요."

저는 교수님께 지난 일을 다 말씀 드렸습니다. 이야기를 다 들은 교수님도 웃으시며 그럴 수 있다라고 말씀을 해주셨습니다. 그 날 저는 퇴원을 하여 집으로 올 수 있었습니다.

저는 또 한 번의 입원을 통해 다시 하나님의 마음을 알았습니다. 우리 삶에 안식과 일의 균형이 필요하다는 것을요. 또한 우리에게 주일을 허락하셔서 안식을 통해 이 세상의 주관자가 하나님이라는 것을 우리에게 반복적으로 말씀하신다는 것을 말입니다.

또 이르시되 안식일이 사람을 위하여 있는 것이요 사람이 안식일을 위하여 있는 것이 아니니

_마가복음 2:27, 개역개정

하나님이 나를 멈추게 하신 경험이 있다면, 그 이유는 무엇이었나요?

감사 십계명

마지막으로 하나님께 감사를 드리며 마무리하려 합니다. 이 책에 기록된 제 삶의 조각들을 모아 '감사 십계명'을 만들었습니다. 이 글을 읽는 여러분도 삶의 자리에서 하나님이 세밀하게 함께하셨던 순간들을 적어보며, 자신만의 감사를 고백하는 시간을 가져보시길 바랍니다.

첫 번째 감사, 어머니께서 저를 떠나지 않으심에 감사합니다.
만약 아버지가 돌아가신 후 어머니께서 저를 직접 키우지 않고 친가로 보내셨다면, 제 기질상 분명히 비뚤어졌을 것입니다. 아마도 사기꾼이 되었을지도 모릅니다. 하지만 끝까지 저를 포기하지 않고 키워주셔서 감사합니다. 결국 하나님께서 저를 주의 길로 인도하시고, 온 가족이 예수님을 믿게 해주셔서 감사합니다.

두 번째 감사, 제게 예수님을 전해준 친구에게 감사합니다.
그 친구가 제게 복음을 전하지 않았더라면 저는 늘 외로움 속에 살았을 것입니다. 하나님 아버지가 저의 아버지가 되어 주시지 않았더라면 제 정체성은 결코 온전해질 수 없었을 것입니다.

세 번째 감사, 아내가 제 아내가 되어준 것에 감사합니다.
장모님께서 처음엔 걱정을 많이 하셨다고 들었습니다. 모태신앙도 아니고 과거의 상처가 많은 저였기 때문입니다. 그럼에도 끝까지 저를 믿어주고 결혼해서 '사람' 만들어 준 아내에게 너무나 감사합니다.

네 번째 감사, 다섯 명의 자녀를 주셔서 감사합니다.
아들딸 골고루 주시고 건강하게 자라게 하셔서, 우리 집이 매일 잔칫집처럼 시끌벅적함에 감사합니다. 밖을 나갈 때마다 사람들의 이목을 집중시켜 주시고, 인구 절벽 시대에 어디서든 자녀를 많이 낳아야 한다고 외칠 수 있게 해주셔서 감사합니다.

다섯 번째 감사, 배신을 당하게 하셔서 감사합니다.
앞만 보고 바쁘게 달려왔던 제게 아픔의 시간을 주셔서, 다시 하나님을 더 깊이 만날 수 있게 하시니 감사합니다. 그 고난이 없었다면 저는 제 비전을 잃어버린 채 계속해서 힘든 길을 가고 있었을 것입니다.

여섯 번째 감사, 교통사고 중에도 피할 길을 주셔서 감사합니다.
큰 사고였지만 빈 트럭과 충돌하게 하셔서 인사 사고가 나지 않게 하시니 감사합니다. 만약 다른 사람이 다쳤다면 어땠을까 상상만 해도 아찔합니다. 늘 혼자 다니던 길에 그날따라 아들이 동행하게 하셔서, 저를 대신해 많은 일을 처리하게 하심에 감사합니다.

일곱 번째 감사, 첫사랑을 다시 회복하게 하셔서 감사합니다.

주님의 그 뜨거웠던 사랑을 잊어버리고 오직 열정으로만 사역했던 저를 발견하게 하시고, 회개를 통해 다시 그 사랑을 회복하게 하시니 감사합니다.

여덟 번째 감사, 많은 간증을 허락해 주셔서 감사합니다.

이렇게 많은 사람에게 간증으로 하나님을 전할 수 있게 하시니 감사합니다. 제 몸의 흔적들이 다시 상처로 돌아가지 않게 하시고, 매일의 은혜를 사모함으로 제 자신은 가려지고 하나님만 온전히 드러나는 간증이 되게 하실 줄 믿습니다.

아홉 번째 감사, 저에게 목양의 마음을 주셔서 감사합니다.

다음 세대뿐만 아니라 한 영혼을 가슴에 품을 수 있는 목양의 마음을 주셔서 감사합니다. 매일 기도를 통해 한 영혼, 한 가정이 변화되는 은혜를 경험하게 하실 줄 믿습니다.

열 번째 감사, 책을 집필할 수 있는 용기를 주셔서 감사합니다.

사실 저는 책 읽기보다 수학 문제 푸는 것을 훨씬 좋아하던 사람이었습니다. 초중고 시절을 통틀어 교과서 외에 책을 열 권도 읽어 본 적이 없었는데, 이렇게 집필을 끝까지 마무리할 수 있게 해주셔서 감사합니다. 이 용기가 결코 헛되지 않게 사용되기를 기도합니다.

외상수술실
Trauma OR
통제
구역
아주대학교병원
Trauma Center
← 자동문
자동문 →
Trauma Center

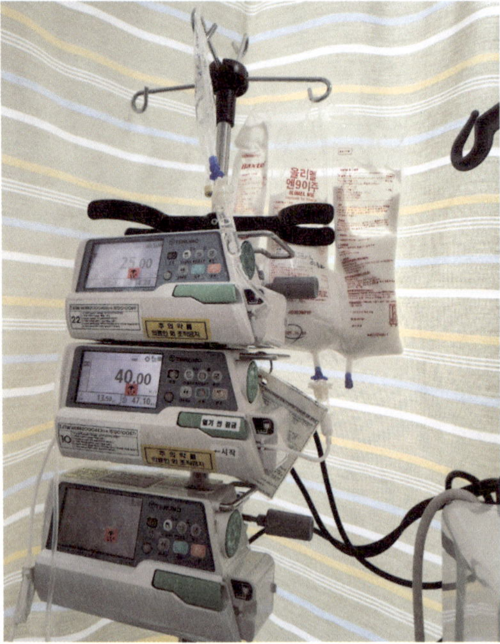

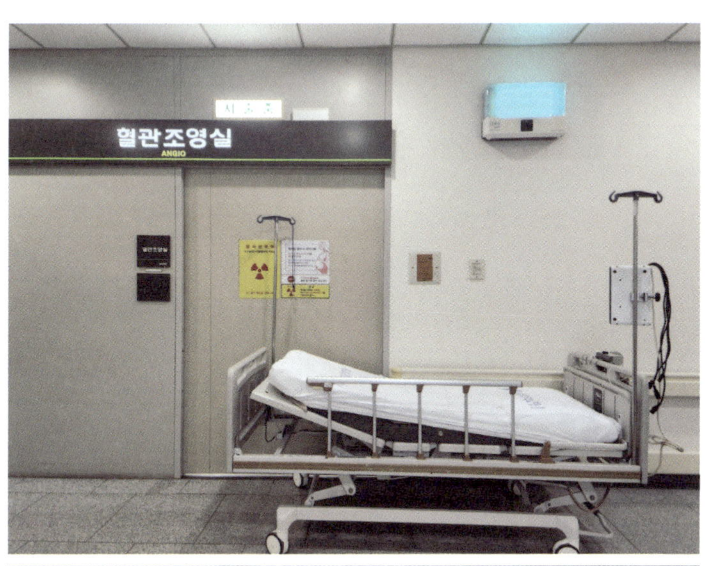
혈관조영실
ANGIO

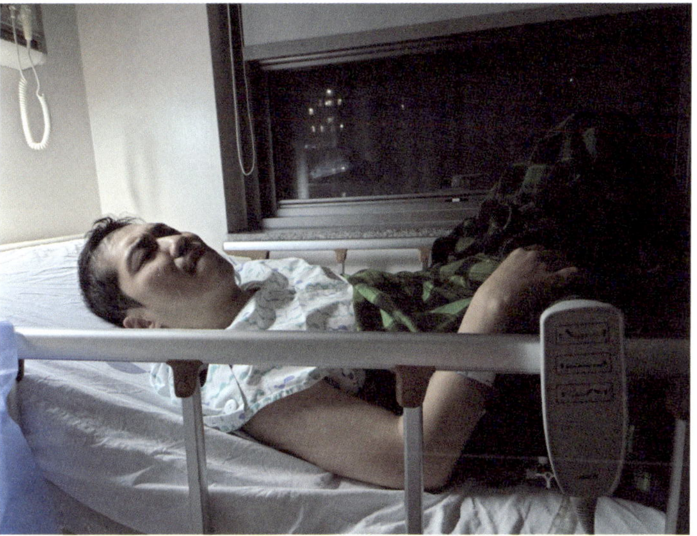

에필로그_
내 삶의 완벽한 계획표를 신뢰하며

여호와는 너를 지키시는 이시라 여호와께서 네 오른쪽에서 네 그늘
이 되시나니
낮의 해가 너를 상하게 하지 아니하며 밤의 달도 너를 해치지 아니하
리로다
여호와께서 너를 지켜 모든 환난을 면하게 하시며 또 네 영혼을 지키
시리로다
여호와께서 너의 출입을 지금부터 영원까지 지키시리로다

_시편 121:5-8, 개역개정

하나님께서는 참으로 저를 지켜주셨습니다. 특별히 저의 오른편에서
제 그늘이 되어주셔서, 낮의 해가 저를 상하게 하지 못하게 하시고 밤
의 달도 저를 해치지 못하게 하셨습니다. 늘 부족함 투성이인 저였지
만, 하나님은 언제나 저의 하나님이 되어주셨습니다.

하나님께서는 언제나 저와 대화하기 원하셨고 늘 제 곁에 머무셨습니다. 하지만 저는 그런 하나님과의 대화를 거부한 채 제 힘으로만 발버둥 쳤습니다. 늘 옆에 계셨음에도 어디 계시냐고 원망했고, 찬양의 가사처럼 '왜 나만 이런 고난을 겪느냐'고 밥 먹듯 외쳤습니다. 현실에 충실하지 못한 채 아직 오지 않은 미래를 염려하며 살았습니다.

하지만 하나님은 선하십니다. 하나님은 완전하십니다. 그런 하나님께서 제 삶의 여정 가운데 '고난'이라는 통로를 통해 다시 주님을 붙잡게 하셨습니다.

상처라고만 생각했던 그 모든 순간은 이제 더 이상 제게 아픔으로 남아 있지 않습니다. 그것은 예수님의 '흔적'이 되어, 꺼내어 볼 때마다 하나님의 선하심과 지독한 사랑을 느끼게 합니다.

이제 하나님께서 제 삶의 완벽한 계획표를 만드시고 하나씩 펼쳐가실 것을 확신합니다. 그리하여 남은 소명의 여정을 기대합니다. 지금까지는 제 힘을 더 의지하여 결과가 예상되는 삶을 살았다면, 앞으로의 삶은 온전히 하나님께서 이루어가실 것을 신뢰하며 걷는 삶이기에 하루하루가 기대됩니다.

하나님,
이 책을 함께 읽은 독자들께도 저에게 주셨던 그 마음과 은혜, 그리고 거룩한 흔적들을 동일하게 허락하여 주옵소서. 내 자신의 힘을 빼고 하나님께서 일하실 수 있도록 자리를 온전히 내어드릴 때, 주님이 직

접 펼쳐가실 그 은혜를 기대하게 하여 주옵소서. 언제나 졸지도 주무
시지도 않으시는 하나님께서, 이들의 삶 끝까지 함께 하여 주옵소서.
예수님의 이름으로 간절히 축복하며 기도합니다. 아멘.

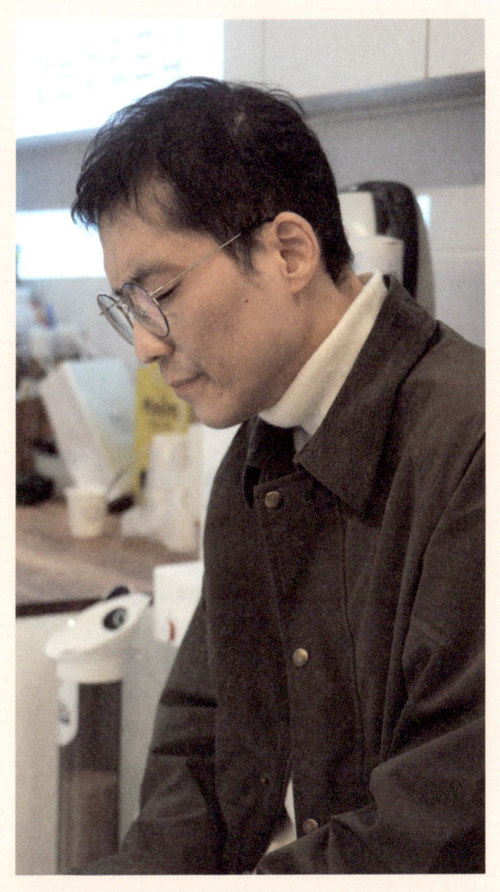

상처가 아니라 흔적입니다

초판 1쇄 인쇄 | 2026년 4월 20일
초판 1쇄 발행 | 2026년 4월 24일

지은이 | 최원석
펴낸이 | 박대용
펴낸곳 | 도서출판 징검다리
등록 | 1998. 4. 3. No.10-1574
주소 | 경기도 파주시 산남로 85-8
전화 | 031)957-3890~1   팩스 | 031)957-3889
이메일 | zinggum@naver.com

디자인 | 오브디자인 ovdesign.kr
편집 | 김세나

ISBN | 978-89-6146-184-9 (03230)